RAÍCES

Una aproximación comunicativa intercultural a la lengua española, Volumen uno

FIRST EDITION

Gabriela McEvoy, Carmen Del Castillo-Zerbe and Ileana Feistritzer

SAN DIEGO

Bassim Hamadeh, CEO and Publisher
John Remington, Executive Editor
Gem Rabanera, Senior Project Editor
Casey Hands, Production Editor
Jordan Krikorian, Editorial Assistant
Emely Villavicencio, Senior Graphic Designer
JoHannah McDonald, Licensing Coordinator
Natalie Piccotti, Director of Marketing
Kassie Graves, Senior Vice President, Editorial
Jamie Giganti, Director of Academic Publishing

320 South Cedros Ave., Ste. 400, Solana Beach, CA 92075

A nuestras familias, por todo el apoyo que nos han brindado
A nuestros estudiantes de LVC, por su valioso feedback
A la comunidad hispano-hablante, con quien compartimos raíces culturales

To our families, for all the support they have given us
To our LVC students, for their valuable feedback
To the Spanish-speaking community, with whom we share cultural roots

ACTIVE LEARNING

This book has interactive activities available to complement your learning.

Your instructor may have customized the selection of activities available for your unique course. Please check with your professor to verify whether your class will access this content through the Cognella Active Learning portal (http://active.cognella.com) or through your home learning management system.

WEB-BASED RESOURCES: ACCESSING QR CODES AND LINKS

The author has selected some supporting web-based content for further engagement with the learning material that appears in this text, which can be accessed through QR codes or web links. These codes are intended for use by those who have purchased print copies of the book. You may scan them using a QR code reading app on your cell phone, which will take you to each website. You can also search for the link using a web browser search engine. Readers who have purchased a digital copy of the book can simply click on the hyperlinks beneath each QR code.

Cognella maintains no responsibility for the content nor availability of third-party links. However, Cognella makes every effort to keep its texts current. Broken links may be reported to studentreviews@cognella.com. Please include the book's title, author, and 7-digit SKU reference number (found below the barcode on the back cover of the book) in the body of your message.

Please check with your professor to confirm whether your class will access this content independently or collectively.

cognella®
SAN DIEGO

Tabla de Contenido *(Table of Contents)*

Introduction

*If you talk to a man in a language
he understands,
that goes to his head.
If you talk to him in his language,
that goes to his heart.*

Nelson Mandela

Raíces. Una aproximación comunicativa intercultural a la lengua española is a communication-based, learner-centric interactive book designed to give the students opportunities to develop and practice their Spanish in everyday situations. *Raíces* offers practice in all five language skills (listening, speaking, reading, writing, and cultural awareness), but with an emphasis on speaking and culture. The book focuses on practicing conversation from the very first lesson. *Raíces* is divided into twelve lessons (plus a Preliminary Lesson). Each lesson is divided as follows: 1) ¡A empezar!, 2) ¡A conversar!, 3) ¡A escuchar!, 4) ¡A escribir!, and 5) ¡A leer!. At the end of each lesson, we have included *Perspectiva cultural* and *¡A pronunciar!* or *Ortografía*. The purpose of these five sections is to develop students' language proficiency within a social and cultural context and with an emphasis on interconnectedness.

As a group of experienced Spanish teachers, we have come to realize that the lesson topics in many Spanish textbooks slightly constrain the students' learning process. This limits the ability of students to learn more organically, in a way that reflects the changing realities of Spanish-speaking societies. We believe that grammar should play a very important role in language learning; however, *Raíces* places conversation and culture at the core of a dynamic learning process. At the cultural level, this book presents topics related to geography, history, literature, customs and traditions, popular culture, film, and art. This text proposes a communicative methodology with an approach based on functionality. In other words, students learn to use language in a practical manner, which grants them more freedom to study elements of Hispanic cultures.

Raíces presents a variety of exercises such as communicative activities, crosswords, reading excerpts, short films, and "real life" situations. These activities give students the opportunity to work individually, in pairs, in small groups, and as a class. Each lesson combines elements of popular culture with traditional teaching methods of instruction. As such, the instructor could choose among the activities that best suit his or her teaching methodology and goals as well as the concerns and interests of the students. Thus, by assigning reading and/or writing homework exercises, teachers will be able to have a more efficient and productive class sessions. In addition, our Active Learning online exercises integrate our textbook's lessons with technology, allowing students to strengthen their learning process with ongoing practice.

INTRODUCCIÓN

Our purpose is to provide a text that allows students to meet general curriculum requirements and also explores the richness of a second language and Spanish-speaking cultures. By studying, understanding, and appreciating other cultures, students will be better prepared to engage in a diverse, multicultural, and multilingual world. In addition, this book promotes curiosity in learning Spanish language and cultures by exploring a variety of topics related to Hispanic cultures and evaluating stereotypes and generalizations of Hispanic populations.

In summary, by teaching with the integrative model, instructors will help students focus on the five language skills so that they can develop critical thinking skills and the intercultural competence necessary for an appreciation of Hispanic cultures. By applying communicative skills in the classroom, students will be able to demonstrate basic knowledge of the interconnection among language and the beliefs, values, and practices of Hispanic cultures. In addition, students will be able to see their own cultures in a new light and gain a new appreciation of them as well.

We are committed to making education an enjoyable and continuous process. Learning Spanish language and cultures should be fun and rewarding, but students must have the necessary tools and the enthusiasm for achieving success.

We would like to extend our most sincere gratitude to everyone who contributed to the *Raíces* textbook. We give a special thanks to the Lebanon Valley College Spanish students (level 1, 2, and 3) who provided crucial feedback during the writing and editing process. These students' perspective and learning needs pertaining to language and culture are reflected in the following pages.

Gabriela McEvoy   *Carmen Del Castillo-Zerbe*   *Ileana M. Feistritzer*

The Importance of Bilingualism

In this article, we will discuss some of the benefits of bilingualism, which refers to the ability to communicate in and understand two languages fluently and effectively. More specifically, we will briefly explain how a person becomes bilingual, and go over three benefits of being bilingual: cognitive development, cross-cultural awareness, and professional development.

How does a person become bilingual? Many people become bilingual during childhood because they grow up in a household where a parent or caretaker speaks a language that is different from the dominant language in society. Since their early years, children naturally identify with both languages—their parent or caretaker's native language and that of the dominant society—and even engage in "code-switching," which involves alternating between the two languages. This switch could be due to emotional connections with the primary language, insufficient vocabulary, or the tendency to use certain words from one language more than another.[1] In other cases, a person becomes bilingual through years of education in immersive programs. Thus, constant practice is the key to mastering a new language. Whether being exposed to another language in childhood or learning through education, a person can benefit from bilingualism in many ways.

Cognitive development is one of the main benefits of bilingualism. Bilingualism requires the brain to communicate using different language systems, enhances the ability to perform multiple tasks simultaneously, and encourages creative problem-solving. Bilinguals rely on executive function to switch between two language systems quickly and effectively. Moreover, multiple scientific studies have found a correlation between adults who speak two or more languages and a decreased risk of developing Alzheimer's disease. In an article titled "Bilingual brains are more resilient to dementia cause by Alzheimer's disease," Dr. Clare Walton states, "Brain scans showed that lifelong bilinguals have stronger connections between certain brain areas compared to those who only speak one language." Walton adds that "[a]s societies become more multicultural, this study indicates that the benefits of bilingualism could extend to helping future generations reduce their condition."[2] Indeed, bilingualism brings many health benefits to language learners, especially concerning brain function. Besides the cognitive benefits of speaking more than one language, cross-cultural awareness is another factor to consider.

Being able to speak another language does not only mean developing vocabulary or mastering grammatical structures along the language learning process, but also involves cross-cultural awareness and the ability to understand others' cultures. When discussing language learning, Gregory R. van Goidtsnoven mentions that this process "not only requires students to practice linguistic forms, but also requires them to become familiar with the culture that produces the language so that they are equipped to interpret the communication."[3] In other words, cultural context is a crucial factor when learning a language. While speakers who acquire a native language from family at home are motivated to engage in their cultural heritage and embrace it as part of their identity, language learners—through education—acquire knowledge of a country's customs, ways of living, and diverse ways of thinking. In today's multicultural world, it is imperative to become culturally aware not only to enhance our general understanding of the world, but also to interpret the ideas and customs of other cultures.

LECCIÓN PRELIMINAR

Globalization, which has increased transnational communication, has created more multicultural societies. Being bilingual is becoming an essential tool for global employment opportunities. As bilingualism encourages cross-cultural awareness, being bilingual allows working professionals to effectively engage with patients, clients, and companies or businesses from different countries and cultures. Furthermore, knowing other cultures (through language and culture acquisition) creates a sense of empathy, tolerance, and understanding, which are skills that many employers seek from future employees.

In sum, bilingualism has multiple benefits. While scientific researchers have concluded that bilingualism benefits brain function, there are several other benefits regarding the cultural aspect. When we learn two languages, we learn two cultures. This learning process allows us to develop intercultural competence in learning a new language. In the United States, bilingualism would help students become more understanding and curious about other cultures, leading to rewarding cultural development. More specifically, learning the Spanish language and culture is especially important considering the new transnational relationships that form and coexist with the increase in global communication.

Bilingualism helps develop an appreciation for diversity and inclusion. As you ready yourself to begin your journey in learning more about the Spanish language and culture, we encourage you to think about the value of language, the interconnection between language and culture, and how this learning process will have some impact on the way you see the world.

A ✏ Preguntas (Questions)
Answer the following questions in complete sentences:

1. What is bilingualism?
2. Name two different ways a person can become bilingual.
3. What are some of the benefits of being bilingual?
4. What are some impacts of bilingualism on the brain?
5. Culturally speaking, explain the benefits of being bilingual.
6. How does bilingualism help you become a global citizen?

[1] https://www.u-fukui.ac.jp/wp/wp-content/uploads/Robert-Dykes-2.pdf
[2] https://www.alzheimers.org.uk/news/2018-05-15/bilingual-brains-are-more-resilient-dementia-cause-alzheimers-disease
[3] https://www.tieonline.com/article/2718/bilingualism-and-cultural-awareness

Spanish-speaking countries

Países en América Latina donde se habla español

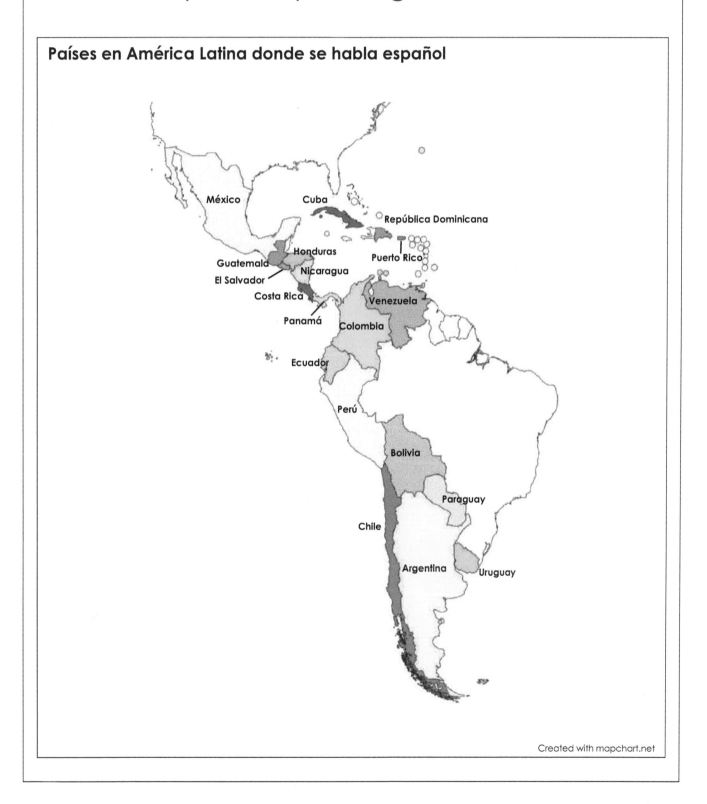

España

Created with mapchart.net

Guinea Ecuatorial

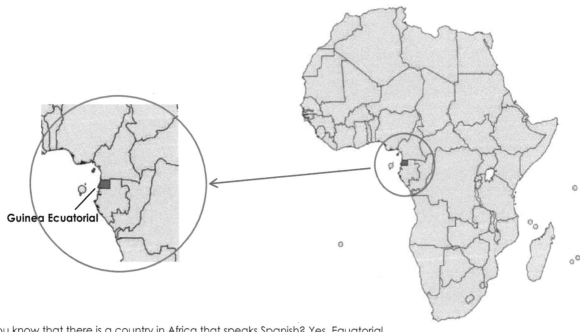

Did you know that there is a country in Africa that speaks Spanish? Yes, Equatorial Guinea has three official languages: French, Portuguese and Spanish and approximately 68% of its population speaks Spanish.

Created with mapchart.net

Estados Unidos

In the United States, around 53 million people speak Spanish, with about 41 million being native speakers, and nearly 12 million being bilingual. It is expected that by 2050, United States will have the largest Spanish-speaking population in the world.[4]

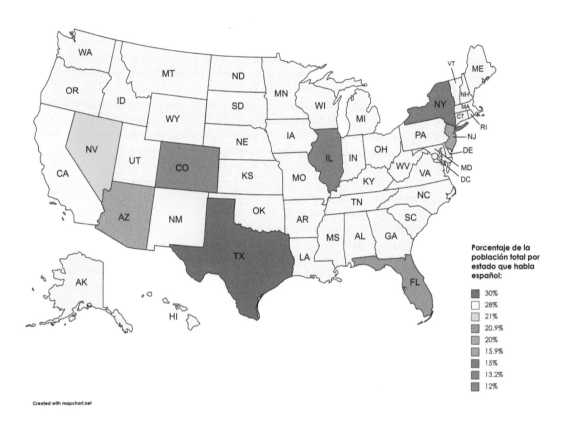

Porcentaje de la población total por estado que habla español:

- 30%
- 28%
- 21%
- 20.9%
- 20%
- 15.9%
- 15%
- 13.2%
- 12%

Created with mapchart.net

In this book, you will read about Spain and the countries in Latin America. When we refer to America, we mean both North and South America as a single continent, and do not refer to it as a synonym of United States. The American continent was named after the Italian explorer and cartographer Amerigo Vespucci (Américo Vespucio en español).

Other terms you will read about in this book:

Latinoamérica: It refers to all the countries that were conquered by Spain, Portugal or France.

Hispanoamérica: All the countries where Spanish is an official language, and where Hispanic culture is more prevalent.

Iberoamérica: All countries that were conquered by Spain or Portugal.

As a reference, in this book we use the words "hispano/hispana", latino/latina" interchangeably.

> *"El mundo es un libro y aquellos que no viajan*
> *solo leen una página."*
> *Agustín de Hipona*

"The world is a book and those who do not travel read only one page." Augustine of Hippo

[4] https://lighthouseonline.com/blog-en/how-many-americans-speak-spanish/

7

FRASES Y EXPRESIONES
PARA LA CLASE DE ESPAÑOL

You will hear and/or use many of these phrases, expressions, and question words during your Spanish class. Therefore, you should spend some time memorizing them.

¿Cómo se escribe _____?
How do you spell _____?

¡Tengo una pregunta!
I have a question!

¿Puede repetir, por favor?
Can you repeat, please?

¡Muchas gracias!
Thank you!

¿Cómo se dice _____ en español?
How do you say _____ in Spanish?

De nada.
You are welcome.

¡Presente!
Here

¿Puedo ir al baño?
May I go to the restroom?

No sé.
I don't know.

No comprendo.
I don't understand.

Voy a pasar lista.
I am going to call roll.

¡Guarden sus celulares!
Put your cell phones away!

¡Abran sus libros!
Open your books!

¡Cierren sus libros!
Close your books!

¡Escuchen!
Listen!

¿Están listos/listas?
Is everyone ready?

¿Terminaron?
Has everyone finished?

¡A la pizarra!
To the board!

¿Preguntas?
Any questions?

Vamos a la página #.
Let's go to page #.

WH Questions

¿Quién?
Who?

¿Dónde?
Where?

¿Cuándo?
When?

¿De quién?
Whose?

¿Qué?
What?

¿Cómo?
How?

¿Cuál?
What?/Which?

¿Por qué?
Why?

¡Bien hecho!
Well done!

¡Buen trabajo!
Good job!

¡Bravo!
Excellent!

¡Estupendo!
Wonderful!

¡Qué chévere!
Awesome!/Cool!

LECCIÓN UNO
¡VAMOS A CONOCERNOS!

GOALS:

By the end of this lesson, you will learn how to ...

- greet people in Spanish
- say the alphabet
- use articles and nouns
- say the numbers 0-60
- tell time
- use personal pronouns and
- use verb to be

"El aprendizaje es experiencia, todo lo demás es información."
Albert Einstein

¿Por qué es importante el aprendizaje (en general)?
¿Por qué es importante el aprendizaje del español y de la cultura hispana?

VOCABULARIO
- Saludos generales (o de cortesía) y despedidas
- Las presentaciones (formales e informales)

ESTRUCTURAS GRAMATICALES
- Gramática 1A: Género y número de los sustantivos
- Gramática 1B: Los números del 0 al 60
- Gramática 1C: La hora
- Gramática 1D: Los pronombres personales y
        el verbo **ser**

LECTURAS
- Beso, abrazo, palmada en la espalda y apretón de manos
- Los homógrafos (*Homographs*)
- La moneda (*Currency*)
- La hora latina (*Latinx time*)
- El estudiante universitario

PERSPECTIVA CULTURAL
- El Popol Vuh

PRONUNCIACIÓN Y ORTOGRAFÍA
- El abecedario

Learning is an experience. Everything else is just information." – Albert Einstein
https://www.immersivelearning.news/2020/03/14/learning-is-an-experience-everything-else-is-just-information-albert-einstein/

¡Vamos a conocernos!

Formas de saludar (*Types of Greetings*)

apretón de manos	*handshake*
abrazo	*hug*
palmada	*pat on the back*
beso	*kiss*
saludo con la mano	*hand wave*

¡Bienvenidos y bienvenidas a la clase de español!

Saludos generales (*General Greetings*)

Hola	*Hi*
Buenos días	*Good morning*
Buenas tardes	*Good afternoon*
Buenas noches	*Good evening/Good night*
Hasta la vista	*See you later*
Hasta pronto	*See you soon*
Adiós	*Good-bye*
Chau	*Bye*
Mi amigo/amiga	*My friend (masc./fem.)*

Expresiones de cortesía (*Courtesy Expressions*)

Gracias	*Thank you*
Muchas gracias	*Thank you very much*
No hay de qué	*You are welcome*
Por favor	*Please*
Disculpa, lo siento	*I am sorry*
Buen fin de semana	*Have a good weekend*
Bienvenidos/Bienvenidas	*Welcome*
señor (Sr.)/don	*Mr.*
señora (Sra.)/doña	*Mrs.*
señorita (Srta.)	*Miss*
profesor/profesora	*Professor (masc./fem.)*

Presentaciones (*Introductions*)

Informal	Formal	English
¿Cómo te llamas?	¿Cómo se llama?	*What's your name?*
¿Cuál es tu nombre?	¿Cuál es su nombre?	*What's your name?*
Me llamo …	Mi nombre es …	*My name is…*
¿Cómo estás?	¿Cómo está?	*How are you?*
Estoy bien, gracias.	Estoy bien, gracias.	*I am well, thank you.*
¿Y tú?	¿Y usted?	*And you?*
Te presento a…	Le presento a…	*I would like to introduce you to…*
Mucho gusto	Encantado/Encantada	*Pleased to meet you/Delighted*
Igualmente	Igualmente	*Likewise*
¿De dónde eres (tú)?	¿De dónde es (usted)?	*Where are you from?*
(Yo) soy de …	(Yo) soy de …	*I am from …*

¿Cuál es tu especialidad?	**¿Cuál es su especialidad?**	*What is your major?*
Mi especialidad es …		*My major is…*
Mi subespecialidad es…		*My minor is…*

Especialidades universitarias (*College majors*)

biología	*Biology*	historia	*History*
ciencias actuariales	*Actuarial Sciences*	justicia penal	*Criminal Justice*
ciencias del ejercicio	*Exercise Sciences*	literatura	*Literature*
ciencias políticas	*Political Science*	música	*Music*
contabilidad	*Accounting*	negocios	*Business*
educación	*Education*	psicología	*Psychology*
enfermería	*Nursing*	química	*Chemistry*
		terapia física	*Physical Therapy*

Practica las palabras útiles y de referencia en *Cognella Active Learning*.

¡A empezar!

1 ✏ **Vamos a saludarnos**

Look at the pictures and identify the types of greetings. Write the word on the line.

1._____

2. _____

3. _____

4. _____

5. _____

2 🔍 **Sopa de letras**

Write the definitions for each expression. Then, find all the words in the box.

```
W N W M O L Y P P M A A C Z W
M S C Z E H Á B E X L Y H F N
T D M J K V C U Y G N K A T T
R E K M K J N E U R Z L U N A
R D S Í H E J N H Y Q P F E E
H Á T P I M A T M N I P Z I S
I B L B E I T R L S E Q V B T
V J E I D C Y A D E F I X Á U
A U P E B Q Í B H V G G B T P
Q R A B T R S A E O K F W S E
J Y G Z T E Q J L Z L X T E N
D P E H H R T O J I V A V E D
S A Í D S O N E U B D O T F O
B R A V O N K X X E N A P V R
E Q Q Q A C U Y A R Q X D Q C
```

BIEN HECHO _____

BRAVO _____

BUENOS DÍAS _____

BUEN TRABAJO _____

ESPECIALIDAD _____

ESTUPENDO _____

ESTÁ BIEN _____

CHAU _____

HOLA _____

3 ✏ Practiquemos el vocabulario

Arrange the following words by categories:

Biología	Abrazo	Buen fin de semana	Por favor
Terapia física	Saludo con la mano	Beso	Muchas gracias
Música	Palmada	No hay de qué	Enfermería

Expresiones de cortesía   **Especialidades**   **Formas de saludar**

_____   _____   _____

_____   _____   _____

_____   _____   _____

_____   _____   _____

¡A conversar!

4 👥 Entre amigos

Work with a partner to put this scrambled conversation in order. Once you have the conversation in order, practice it with a partner.

_____ Chau, Miguel.
_____ Estoy bien, gracias ¿Y tú?
_____ Estoy bien, gracias. Miguel, ¿cuál es tu especialidad?
_____ Hola, me llamo Miguel. ¿Cómo te llamas?
_____ Mi especialidad es la contabilidad.
_____ Mi especialidad es la terapia física. Isabel, ¿cuál es tu especialidad?
_____ Mi nombre es Isabel. Mucho gusto, Miguel. ¿Cómo estás?

5 👥 Dialogando

Complete each dialogue with the missing words and then recreate each dialogue with your classmate.

Don Raúl: Buenos _____, doña Ceci, ¿cómo está?
Doña Ceci: Buenos días, don Raúl. Estoy muy bien, ¿y _____?
Don Raúl: Muy bien, gracias. Mucho gusto de saludarla (to say hi).
Doña Ceci: _____. ¡Qué tenga un buen día!

Julia: Hola, Marcos, _____ tardes.
Marcos: Hola, Julia, ¿cómo _____?
Julia: Más o menos. Estoy cansada (tired), y tú, ¿_____ estás?
Marcos: Lo siento. Yo estoy muy estresado.
Julia: Oh no, vamos a beber un café (drink coffee).
Marcos: Excelente idea. Vamos (Let's go).

Pablo: Hola, me _____ Pablo, ¿y tú?
Paco: ¿Qué tal? Me llamo Paco. ¿De dónde _____, Pablo?
Pablo: Soy de Panamá, ¿y tú?
Paco: Soy de Chile. ¿Cuál es tu _____?
Pablo: Mi especialidad es la música. ¿Cuál es tu especialidad?
Paco: Mi especialidad es la biología.
Pablo: ¡Qué bien! Mucho _____, Paco.
Paco: Mucho gusto, Pablo.
Pablo: _____.
Paco: Nos vemos.

¡A escuchar!

6 🎧 🖥 **Saludos**

Listen to your instructor and choose the correct answer to the question or statement you hear.

1. a) Me llamo Andrés.   b) Mucho gusto.   4. a) No hay de qué.   b) Hola.
2. a) Encantado.   b) Adiós.   5. a) Muy bien, gracias. b) Te presento a ...
3. a) Buenos días.   b) Lo siento.   6. a) Bien, ¿y tú?   b) Bien, ¿y usted?

Escucha el audio en Cognella Active Learning.

¡A escribir!

7 ✏ **De sílabas a palabras**

Use these syllables to form words from the vocabulary. Write the words in the boxes.

Sigue el ejemplo: ho + la = [hola]

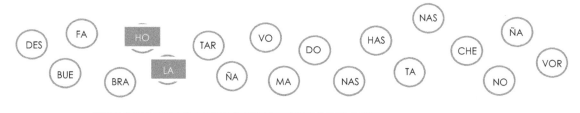

1. **Hola**	4.	7.
2.	5.	8.
3.	6.	9.

8 ✏ **Vamos a dialogar**

Write a short conversation based on this picture. Use as much vocabulary from this lesson as possible.

Andrés: _____

Rebeca: _____

Andrés: _____

Rebeca: _____

Andrés: _____

Rebeca: _____

Andrés: _____

Rebeca: _____

¡A leer!

9 📖 **Beso, abrazo, palmada en la espalda y apretón de manos**

Los saludos y las despedidas

El beso, el abrazo, la palmada en la espalda, el apretón de manos y levantar la mano son formas de saludo. Estas expresiones de saludo se usan (*use*) cuando te presentan a una persona o cuando quieres demostrar amistad (*friendship*) y cariño.

En los países hispanos, los saludos y las despedidas son diferentes. En España, por ejemplo (*for example*), las personas se dan dos besos en las mejillas (*cheecks*), y en Perú, Argentina, Chile o Costa Rica, la gente (*people*) se da un solo beso. En Argentina es común darse besos entre (*between*) hombre-hombre, mujer-mujer y hombre-mujer. Es muy común darle un beso a una persona que recién conoces (*just met*) o cuando quieres (*want*) saludar a un amigo, amiga, vecino (*neighbor*), vecina o miembro (*member*) de tu familia. Un buen abrazo hace que una persona se sienta bien (*it makes a person feel good*), y la palmada en la espalda significa (*means*), en ocasiones, que haces un buen trabajo. Una palmada en la espalda significa "¡bien hecho!" El apretón de manos se usa, en muchas ocasiones, cuando hay (*there is*) una presentación formal. Levantar (*to raise*) la mano es una forma informal de saludar. Levantar la mano simboliza decir (*say*) hola. Puedes levantarle la mano a un amigo o a una amiga, a tu papá, a tu mamá o a un vecino o vecina. Los saludos y las despedidas son importantes manifestaciones culturales. Y tú, ¿cómo saludas (*greet*)?...

Answer the following questions:

1. ¿Cuáles son las formas de saludo? ¿Cuál es tu saludo favorito?

2. ¿Dónde se dan besos en las dos mejillas? ¿Dónde se dan besos en una sola mejilla?

3. ¿Qué significa (*mean*) una palmada en la espalda?

4. Para una presentación formal, ¿se da (*give*) un beso o un apretón de manos?

5. ¿Por qué son importantes los saludos y las despedidas?

6. ¿Cuáles son los saludos y las despedidas en los Estados Unidos? ¿Son similares o diferentes a los países hispanos?

Vocabulario en contexto: Identifica y subraya (*underline*) en el texto las palabras (*words*) del vocabulario de la lección uno.

A Género y número de los sustantivos

Nouns refer to people, animals, objects, places, events, and ideas. In Spanish, nouns are classified by their gramatical gender. This means they can be masculine, feminine, or neutral.

Look at the following chart for ways to identify when a word is masculine or feminine:

Noun agreement (gender)	
Masculino	*Femenino*
Ends in *-o* ➝ *chico* (young man), *pasajero* (passenger), *cuaderno* (notebook), *diario* (journal)	Ends in *-a* ➝ *chica, pasajera, cosa* (thing), *escuela*
Ends in *-or* ➝ *conductor* (driver), *profesor*	Ends in *-ora* ➝ *conductora, profesora*
Ends in *-ista* ➝ **el** *turista* (tourist) (add an article to make it masculine)	Ends in *-ista* ➝ **la** *turista* (add an article to make it feminine)
Ends in *-ante/-ente* ➝ **el** *paciente* **el** *estudiante* (add an article to make it masculine)	Ends in *-ante/-ente* ➝ **la** *paciente* **la** *estudiante* (add an article to make it feminine)
Ends in *-ma* ➝ *problema, programa*	Ends in *-ión* ➝ *lección, composición*
Ends in *-s* ➝ *bus, país* (country)	Ends in *-dad/-tad* ➝ *nacionalidad* *comunidad* *amistad*

Some nouns do not follow these rules. Therefore, it is recommended that the student memorizes them. Some examples:

Palabras masculinas: día, café, mapa, cine (*theater*), hombre

Palabras femeninas: noche, tarde, clase, foto, radio, mano

NOUN AGREEMENT (NUMBER)

Nouns can also be classified by whether they are singular or plural.

We follow these rules to change a singular noun into plural:

a. If the noun ends in vowel, add "s": chica ➝ chica**s**

b. If the noun ends in consonant, add "es": universidad ➝ universidad**es**

c. If the noun ends in "z", change "z" to "c" and add "es": lápi**z** ➝ lápi**ces** (pencils)

Keep in mind, some nouns do not change and are always singular, while other nouns are always plural. For example, in Spanish the word **gente** (people, irregular plural noun) is considered a singular noun: *La gente es de Argentina.* (People are from Argentina.) **Familia** is also a singular noun: *La familia es grande.* (The family is big.)

An example of nouns that are always plural: ***anteojos*** (eye glasses): *Los anteojos son grandes.* (Glasses are big.)***Vacaciones*** (vacation): *Me gusta visitar los volcanes cuando voy de vacaciones a Costa Rica.* (I like to visit volcanoes when I go on vacation to Costa Rica.)

WHAT'S AN ARTICLE?

An article is a word that is used with a noun. Articles can be definite (the) or indefinite (a/an). Definite articles are used when we talk about something that is specific: in this phrase: *la clase de español* (**the** Spanish class) *la* refers to a specific class. Indefinite articles, on the other hand, refer to a more general concept: ***una** clase de español* (**a** Spanish class) *una* implies that it is not a specific class, it is just a non-specific class.

In Spanish, the definite and the indefinite articles agree in gender and number with the noun they modify, meaning there are feminine and masculine articles as well as singular and plural ones.

DEFINITE ARTICLES	singular	plural
masculine	*el libro* (the book)	*los libros* (the books)
feminine	*la silla* (the chair)	*las sillas* (the chairs)

INDEFINITE ARTICLES	singular	plural
masculine	*un país* (a country)	*unos países* (some countries)
feminine	*una cosa* (a thing)	*unas cosas* (some things)

If both masculine and feminine nouns are together in a sentence, we combine them using the masculine plural article:

el estudiante y la estudiante ⟶ *los estudiantes*

un profesor y una profesora ⟶ *unos profesores*

Common places at the university:

la biblioteca (*library*) **el** gimnasio (*gym*) **la** librería (*bookstore*) **el** salón de clase (*classroom*)

la cafetería (*cafeteria*) **el** laboratorio (*lab*) **la** residencia estudiantil (*dorm*) **el** estadio (*stadium*)

Common objects in the classroom:

un cuaderno (*a notebook*) **un** libro (*a book*) **un** lápiz (*a pencil*) **un** lapicero (*a pen*)

un papel (*a piece of paper*) **un** borrador (*an eraser*) **un** teléfono (*a telephone*) **un** mapa (*a map*)

una calculadora (*a calculator*) **una** agenda (*a planner*) **una** cartuchera (*a pencil case*) **una** silla (*a chair*)

una mochila (*a backpack*) **una** puerta (*a door*) **una** pizarra (*a board*) **una** mesa (*a table*)

Gender-neutral articles are also used. These are some of the most common currently in use:[1]

Standard articles	un/una	unos/unas	el/la	los/las	
Vowel substitution: @			l@	l@s	Ux estudiante
Letter substitution: e	une	unes	le	les	Les chiques
Letter substitution: i	uni	unis	li	lis	Lues profesores
Letter substitution: x			lx	lxs	L@s compañer@s
Other alternatives:	u/ux	uxes	lu/lex	lues	

---

[1]https://nonbinary.wiki/wiki/Gender_neutral_language_in_Spanish#cite_note-tawny-6

¡A empezar!

1A 🖊️ 💻 **¿El, la, los, las?**
Write the definite article before each noun. If two options are possible, write both options.

1. _____ borrador
2. _____ mapa
3. _____ cartuchera

4. _____ estudiantes
5. _____ mujeres
6. _____ clase

7. _____ papeles
8. _____ cafetería
9. _____ lápiz

2A 🖊️ **¿Un, unos, una, unas?**
Write the indefinite article before each noun. If two options are possible, write both options.

1. _____ lección
2. _____ mochila
3. _____ chico
4. _____ problema

5. _____ facultad (*department, school*)
6. _____ lápices
7. _____ turista
8. _____ conductora

3A 🖊️ **¿Qué piensas?**
With a classmate, decide which definite article is needed for each noun. Use **el, la, los, las.**

1. _____ libro

2. _____ teléfono

3. _____ casa

4. _____ Día de los Muertos

5. _____ manos

¡A conversar!

4A ¿Qué traes en tu mochila?

Write 5 things you have in your backpack. Write down the noun with the correct indefinite article.

1. _____

2. _____

3. _____

4. _____

5. _____

¿Qué tienes en tu mochila?	
un cuaderno *(notebook)*	un libro *(book)*
un lápiz *(pencil)*	un lapicero *(pen)*
una calculadora *(calculator)*	una agenda *(planner)*
una cartuchera *(pencil case)*	un borrador *(eraser)*
un teléfono celular *(cell phone)*	un papel *(paper)*

Once you are finished writing your list, turn to your classmate and compare your lists.
Sigue el ejemplo: E1: Hay <u>una calculadora</u> en mi mochila. ¿Hay una en tu mochila?
E2: Sí, hay <u>una calculadora</u> en mi mochila **or**
No, no hay <u>una calculadora</u> en mi mochila.

¿Hay cosas similares en sus mochilas? ¿Sí o no?

5A ¿Qué cosas *(things)* hay en tu dormitorio?

Complete the following list based on items you have in your dorm. Then, walk around the class and ask your classmates what items they have in their dorms.

¿Hay un, una, unos, unas _____ en tu dormitorio?	Nombres de tus compañeros/ras	
	sí/no	sí/no
1. computadora		
2. mesas *(tables)*		
3. libros de literatura		
4. mapa		
5. lápices de colores		

¡A escuchar!

6A 🎧 📺 ¿Femenino o Masculino? ¿Singular o Plural?

Listen to your instructor and decide whether each word is singular (s) or plural (p), feminine (f) or masculine (m), or if it could be both.

1. _____   2. _____   3. _____   4. _____   5. _____

Escucha el audio en Cognella Active Learning.

¡A escribir!

7A ✏️ De compras

The school semester is about to start, and you need to go shopping for some items you still need. Look at the drawing and then write a list of 5 things you are planning on buying. Use articles and nouns. You could access an online dictionary to look up new words.

1. _____

2. _____

3. _____

4. _____

5. _____

8A ✏️ ¡La palabra correcta!

Your instructor is going to show pictures or items in the classroom. You will then have two minutes to write down in your notebook the indefinite articles (*un, unos, una, unas*) and the name of each picture/item. Will you be able to write all of the items? If multiple items are shown, you will have to write the plural version for that item! ¿Están listos/listas?

Sigue el ejemplo: You see this image: You write: **un libro**

1. _____   4. _____

2. _____   5. _____

3. _____   6. _____

¡A leer!

Los homógrafos

En español, dos sustantivos (*nouns*) pueden deletrearse de la misma manera (*be spelled the same way*), pero tener diferente significado (*meaning*) dependiendo del contexto. Estos sustantivos son conocidos como "homógrafos" (*homographs*).

Estos son algunos ejemplos:

las esposas	*wives*	**las esposas**	*handcuffs*
la gata	*female cat*	**la gata**	*hydraulic jack*
el canal	*the TV channel*	**el canal**	*canal*
el código	*code*	**el código**	*law (like canon law)*
la línea	*fishing line*	**la línea**	*geometric line*
el oficio	*official document*	**el oficio**	*household chores*

9A 🔍 ¡A buscar en el diccionario!

Now, it is your turn to find some new homographs (*palabras homógrafas*). Using an online dictionary, find the two meanings of the following words. Also, add the corresponding definite article (**el, la, los, las**) for each noun.

1.1 ____ mango _____ 1.2 ____ mango _____

2.1 ____ metro _____ 2.2 ____ metro _____

3.1 ____ muñeca _____ 3.2 ____ muñeca _____

4.1 ____ pila _____ 4.2 ____ pila _____

10A ✏️ ¿Reconoces la diferencia?

Using the words from the list above, identify the following objects. Write the English and Spanish word for each picture.

1. _____

3. _____

2. _____

4. _____

B Los números del 0 al 60

0	1	2	3	4	5	6	7	8	9
cero	uno	dos	tres	cuatro	cinco	seis	siete	ocho	nueve

10	11	12	13	14	15	16	17	18	19
diez	once	doce	trece	catorce	quince	dieciséis	diecisiete	dieciocho	diecinueve

20	21	22	23	24	25	26	27	28	29
veinte	veintiuno	veintidós	veintitrés	veinticuatro	veinticinco	veintiséis	veintisiete	veintiocho	veintinueve

30	31	32	33	34	35	36	37	38	39
treinta	treinta y uno	treinta y dos	treinta y tres	treinta y cuatro	treinta y cinco	treinta y seis	treinta y siete	treinta y ocho	treinta y nueve

40	41	42	43	44	45	46	47	48	49
cuarenta	cuarenta y uno	cuarenta y dos	cuarenta y tres	cuarenta y cuatro	cuarenta y cinco	cuarenta y seis	cuarenta y siete	cuarenta y ocho	cuarenta y nueve

50	51	52	53	54	55	56	57	58	59
cincuenta	cincuenta y uno	cincuenta y dos	cincuenta y tres	cincuenta y cuatro	cincuenta y cinco	cincuenta y seis	cincuenta y siete	cincuenta y ocho	cincuenta y nueve

60
sesenta

Numbers 21-29 are written as one word, and the "e" in veinte, changes to "i" in those numbers. Pay attention, as some numbers also have an accent in the written word. Numbers 31 and beyond are written as three words or more.

¡Ojo!

1 = **uno** shortens to **un** before a masculine singular noun   **un** *libro*, **un** *teléfono*

  = **uno** changes to **una** before a feminine singular noun   **una** *mochila*, **una** *chica*

In the same way:
21 = **veintiuno** shortens to **veintiún** before a masculine noun   **veintiún** *profesores*

  = **veintiuno** changes to **veintiuna** before a feminine noun   **veintiuna** *mesas* (tables)

These changes continue with treinta and so on: 31 = *treinta y* **un** *profesores*

31 = *treinta y* **una** *mesas*

HAY.../NO HAY...

In Spanish, we use **"hay"** to say 'there is/there are' and we use **"no hay"** to say 'there is not/there are not.'

Hay una computadora en la clase. *(There is a computer in the class.)*

Hay una Facultad de Humanidades en la universidad. *(There is a Humanities building in the university.)*

No hay gatos en el dormitorio. *(There are no cats in the dorm.)*

FORMING QUESTIONS WITH NUMBERS

Using **hay:**

1. We use **hay** to talk about the existence of something or someone:

¿**Hay** un teléfono en la oficina? (*Is there a phone in the office?*)
Sí, hay un teléfono en la oficina. (*Yes, there is a phone in the office.*)
No, no hay un teléfono en la oficina. (*No, there is not a phone in the office.*)

¿**Hay** veinte estudiantes en la clase? (*Are there twenty students in the classroom?*)
Sí, hay veinte estudiantes en la clase. (*Yes, there are twenty students in the classroom.*)
No, no hay veinte estudiantes. Hay dieciocho estudiantes. (*No, there are not twenty; there are eighteen.*)

2. Using ¿**Cuántos**? ¿**Cuántas**? (how many?)
We use **cuántos** when we are asking for a quantity with masculine nouns. We use **cuántas** when asking for a quantity with feminine nouns.

¿**Cuántos** libros **hay**? (*How many books are there?*)
Hay treinta y un libros. (*There are thirty one books.*)

¿**Cuántas** zapatillas de tenis **hay** en la tienda? (*How many tennis shoes are there in the store?*)
Hay dieciséis zapatillas de tenis en la tienda. (*There are sixteen tennis shoes in the store.*)
Hay muchas zapatillas de tenis en la tienda. (*There are many tennis shoes in the store.*)

¡A empezar!

1B ✏️ 🖥️ **¡Contemos!**

Spell out the following numbers in Spanish:

a) 16 _____   e) 23 _____

b) 36 _____   f) 10 _____

c) 15 _____   g) 43 _____

d) 9 _____   h) 52 _____

2B ✏️ **¡Matemáticas!**

Your little sister needs help adding and subtracting. Help her solve these problems. Spell the numbers and the responses in Spanish.
Sigue el ejemplo: 45 – 7 = 38 <u>cuarenta y cinco menos siete son treinta y ocho</u>

a) 6 x 13 = _____

b) 32 / 2 = _____

c) 17 + 30 = _____

d) 59 - 48 = _____

e) 5 - 39 = _____

f) 9 x 3 = _____

+	más
-	menos
x	por
/	entre
=	son

3B ✏️ **¡Bingo!**

In your notebook, create a bingo card. Include numbers from 0 to 60 in your card. Your instructor will call out numbers at random, so circle the ones you have on your card. Say ¡bingo! If you have an entire horizontal, vertical, or diagonal row filled in.

B	I	N	G	O

¡A conversar!

4B 💬 **¿Qué hay en la clase?**

With your partner, look at the picture and then ask and answer questions regarding the items and the number of items you see in the picture. Use the following vocabulary words: cuadernos, diccionarios, puertas (doors), mapas, plantas, computadoras, lápices, mesas.

Sigue el ejemplo:

E1: ¿Hay sillas (chairs) en la clase?
E2: Sí, hay sillas.
E1: ¿Cuántas sillas hay?
E2: Hay 11 sillas.
E1: ¿Hay ventanas (windows) en la clase?
E2: No, no hay ventanas en la clase.

5B   **¿Cuántos/Cuántas hay?**

Look at the pictures and talk with your partner about how many people and/or objects you can find in each one.

1.

2.

3.

4.

¡A escuchar!

6B   **¿Cuál es tu número de teléfono?**

Listen to your instructor read aloud the name and phone number of the people on the list. Match the name of the person, next to the phone number you hear.

a. Lucía   _____ 22-55-14-60

b. Mauricio   _____ 33-11-20-44

c. Fabiola   _____ 49-15-07-07

d. Magaly   _____ 57-23-02-15

e. Marco   _____ 25-45-40-03

f. Ignacio   _____ 09-21-36-11

g. Sofía   _____ 28-56-45-13

Escucha el audio en *Cognella Active Learning.*

¡A escribir!

7B ✏ **En mi universidad**

Complete the sentences or questions with the following words:

hay	y siete	no	diez	cuántos	cuarenta	cuántas

1. _____ _____ (10)chicas en la clase hoy. *(today)*

2. ¿ _____ sillas hay en la biblioteca?

3. _____ hay mochilas en el café.

4. ¿ _____ teléfonos hay en el edificio de los dormitorios?

5. Hay _____ _____ (47) facultades en esta universidad.

8B ✏ 💻 **¿Cuánto cuesta/cuestan?** *(How much does it/do they cost?)*

Spell out how much you think each one of these items cost. After completing the exercise, compare it with the rest of the class. How many of you agree on the prices?

¿CUÁNTO CUESTAN ESTAS COSAS?

Guess how much they cost!!

Sigue el ejemplo:

Los jeans cuestan cuarenta y cinco dólares.

1. La dona cuesta $_____.

2. El cuaderno cuesta $_____.

3. Tres libros cuestan $_____.

4. El café cuesta $_____.

5. La limonada cuesta $_____.

6. Los tenis cuestan $_____.

¡A leer!

La moneda

Hay diferentes tipos de moneda (*currency*) en América Latina y España. En Estados Unidos, la moneda es el dólar. En Costa Rica la moneda es el colón y en Perú es el sol. Otras monedas populares son: el peso mexicano en México, el dólar americano en Puerto Rico, el peso dominicano en la República Dominicana o el euro en España. Cada moneda tiene un valor diferente al compararlo con el dólar americano.

Basados en las tasas de cambio (*exchange rate*) del 2022:

Costa Rica

la equivalencia $1= 652 (seiscientos cincuenta y dos) colones

Cuba

la equivalencia $1 = 23.90 (veintitrés con noventa) pesos cubanos

Perú

la equivalencia $1 = 4,00 (cuatro soles)

España

la equivalencia $1 = 0.89 (ochenta y nueve centavos) de euro

México

la equivalencia $1 = 19.87 (diecinueve con ochenta y siete) pesos mexicanos

---

9B ✏️ **Cambio de moneda**

Imagine you are traveling with your friends. You decide to buy some souvenirs. Do the math and figure out how you will spend in each country in dollars (US$). For a current exchange rate, check the following site: https://www.exchange-rates.org/

1. Costa Rica – 60 colones = $ _____

2. Puerto Rico – 30 dólares = $ _____

3. Perú – 35 soles = $ _____

4. México – 57 pesos mexicanos = $ _____

5. Cuba – 49 pesos = $ _____

6. España – 25 euros = $ _____

C La hora

In Spanish, when talking about the time, we use the verb "to be" (*ser*). We use the singular form **es**, if it refers to one o'clock, and we use **son** when it refers to the other hours.

1:00 - **Es** la una.   2:00 - **Son** las dos.   9:00 - **Son** las nueve.

To refer to an hour on the dot, we use the phrase **en punto**, which is equivalent to the top of the hour in English.

1:00 - Es la una **en punto**.   2:00 - Son las dos **en punto**.   9:00 - Son las nueve **en punto**.

To refer to a quarter of an hour, we use y cuarto, or y quince.

1:15 - Es la una **y cuarto**.   2:15 - Son las dos **y cuarto**.   9:15 - Son las nueve **y quince**.

To refer to a half hour, we use **y media** or **y treinta**.

1:30 - Es la una **y media**.   2:30 - Son las dos **y media**.   9:30 - Son las nueve **y treinta**.

To refer to a quarter to an hour, we use **menos cuarto** or **menos quince**.

1:45 - Son las dos **menos cuarto**.   2:45 - Son las tres **menos cuarto**.   9:45 - Son las diez **menos quince**.

To express that it is noon or midnight, we use **mediodía** or **medianoche**.

12:00 p.m. - Es el **medio**día.   12:00 a.m. - Es la **media**noche.   12:00 - Son las doce **en punto**.

To express a time of the day, we use **de la mañana** (in the morning), **de la tarde** (in the afternoon), or **de la noche** (in the evening/night).

1:00 a.m. - Es la una **de la mañana**.   6:00 p.m. - Son las seis **de la tarde**.   10:00 p.m. - Son las diez **de la noche**.

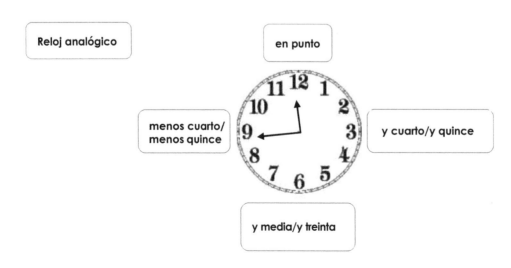

Reloj analógico

en punto

menos cuarto/ menos quince

y cuarto/y quince

y media/y treinta

Reloj digital

| 11:00 | Son las once **en punto.** | 11:15 | Son las once **y cuarto.** |

| 11:30 | Son las once **y media.** | 11:45 | Son las doce **menos cuarto.** Son las once y **cuarenta y cinco.** |

¡A empezar!

1C 🖊️ 📖 **La hora y los minutos**
1. Write the hour in the first line. 2. Write the minutes in the second line.

| 1:15 | Es la _____ y _____. | | 1:30 | Es la _____ y _____. |

| 2:15 | Son las _____ y _____. | | 2:30 | Son las _____ y _____. |

| 1:45 | Son las _____ menos _____. | | 2:45 | Son las _____ menos _____. |

| 7:45 | Son las _____ menos _____. | | 10:00 | Son las _____ en _____. |

2C 💻 **¿Es o son?**
With your partner, tell the time of each digital clock.

¿Qué hora es?
Es la ...
Son las ...

| 3:15 p.m. | **Son** las tres y cuarto de la tarde. |

a. | 10:45 p.m. | _____

b. | 6:35 a.m. | _____

c. | 12:25 a.m. | _____

d. | 11:15 p.m. | _____

e. | 8:50 a.m. | _____

f. | 1:05 a.m. | _____

g. | 5:55 p.m. | _____

h. | 9:40 a.m. | _____

3C Dibuja la hora

Listen to the instructor and write the digital time you hear. Then, draw the time in the analog clock.

1. [　　　] 　 2. [　　　] 　 3. [　　　] 　 4. [　　　] 　 5. [　　　]

¿A QUÉ HORA ES?

When you want to find out at what time an event takes place, we use the expression: **¿A qué hora es?**

The verb ser (to be) is followed by a noun. This noun refers to the event itself.

Ejemplo:
¿**A** qué hora **es la clase de matemáticas**? (At what time is math class?)

Es a la una y quince de la tarde.
(It is at one fifteen in the afternoon.)

(La clase de matemáticas) **es a** la una y quince de la tarde.
[(Math class) It is at one fifteen in the afternoon.]

Es a las diez de la mañana.
(It is at ten in the morning.)

(La clase de matemáticas) **es a** las diez en punto.
[(Math class) It is at ten o'clock.]

¡A conversar!

4C El horario de la televisión

Ask your classmate at what time a TV program takes place in the Multivisión channel (M).

(M)	PROGRAMACIÓN
6:00 a.m.	Comedia: La Familia Gonzáles
8:00 a.m.	Educativo: Planeta de Niños
9:30 a.m.	Entrevistas: Naturaleza Humana
2:00 p.m.	¡Cuéntamelo Ya! ... Al Fin
4:30 p.m.	Novela: Mi Querida Herencia
5:30 p.m.	Comedia: Nosotros Los Guapos
6:30 p.m.	Noticiero Multivisión
7:00 p.m.	Serie: Vecinos
9:55 p.m.	Fútbol: Atlas vs Guadalajara
1:00 a.m.	Comedia: Más noche

E1: ¿A qué hora **es la novela: *Mi Querida Herencia***?

E2: **Es a** las 4:30 de la tarde.
(*La novela*) **es a** las cuatro y treinta de la tarde.

30

5C 🗪 Confirma

As you continue working with the Multivisión (M) programming, ask your classmate if a program takes place at a specific time in the Multivisión channel.

> E1: ¿**Es la novela, Mi Querida Herencia** a las 7 en punto de la noche?
>
> E2: No, **no es** a las 7 en punto de la noche.
>
> E1: ¿A qué hora **es** entonces *(then)*?
>
> E2: **Es** a las 4:30 de la tarde.

¡A escuchar!

6C 🎧 🖥 Los programas de televisión

Listen to your instructor and write down the time when the program starts on the space provided.
Sigue el ejemplo:

(M)	PROGRAMACIÓN
	Comedia: Amigos
	Educativo: Plaza Sésamo
9:15 a.m.	Serie: La familia moderna
	Novela: Los ricos también lloran
	Comedia: La oficina
	Noticiero: 24 horas
	Serie: La esponja Bob
	Fútbol: Real Madrid vs Barcelona
	Comedia: Peluchelandia

> You hear:
>
> **Serie: *La familia moderna* es a las 9:15 de la mañana.**

Escucha el audio en *Cognella Active Learning.*

¡A escribir!

7C ✏ El horario de clases

Write 5 questions based on the schedule shown below. Ask each other the questions you wrote. Write down the answers in your notebook.

Sigue el ejemplo:

> **E1**: ¿A qué hora **es** la **clase de matemáticas de José**?
> **E2**: La clase de *matemáticas de José* **es** a las 8:00 de la mañana.

Hora	José	Antonio	Cecilia	Sonia
8:00 a.m.	matemáticas	historia	cine	matemáticas
10:00 a.m.	arte	anatomía	arte	enfermería
1:30 p.m.	español	comunicación digital	música	laboratorio
3:15 p.m.	negocios	religión	literatura	anatomía

8C ✏ Comparaciones

Paso 1: You are going to choose one day of the week to fill out the chart below with your own schedule for that day. Your classmate should do the same. Sigue el ejemplo:

Hora	YO
10:30 am	matemáticas

> Mi clase de matemáticas es el lunes a las 10:30 de la mañana.
>
> Y tu clase, ¿qué día es?, ¿a qué hora es?

Los días de la semana

el lunes (on *Monday*)
el martes (on *Tuesday*)
el miércoles (on *Wednesday*)
el jueves (on *Thursday*)
el viernes (on *Friday*)
el sábado (on *Saturday*)
el domingo (on *Sunday*)

¡A comparar y contrastar!

Paso 2: You are going to compare both schedules, yours and your classmate's. Then, you will write three sentences about the similarities and/or differences between both schedules.
Sigue el ejemplo:

> Mi clase de matemáticas es el lunes a las 10:30 de la mañana y la clase de Elena es el martes a las 10:00 de la mañana. Mi clase de historia es el miércoles a las 2 de la tarde, pero la clase de Elena es el jueves a las 9 de la mañana.

¡A leer!

9C La hora latina (Latinx time)

¿Es un mito o una realidad?

Si has viajado (*have traveled*) a Latinoamérica y has sido invitado (*have been invited*) a una fiesta o reunión familiar (*family reunion*), te habrás sorprendido (*will have been surprised*) de ser la primera (*first*) persona en llegar (*to arrive*) y ver que otros llegaron (*arrived*) una o dos horas más tarde. ¿Te sentiste ofendido/da? Bueno, no lo tomes tan a pecho (*do not take it too seriously*) porque eso es parte de la cultura hispana conocido como (*known as*) la "hora latina."

Para una persona acostumbrada a ser (*used to be*) puntual, esta costumbre es sinónimo de falta de (*lack of*) puntualidad, la cual puede convertirse (*can become*) en un hábito o algo contagioso como "un virus." Para evitar generalizaciones, (*To avoid generalizations*), este comportamiento (*behavior*), por lo general, no se aplica (*apply*) a actividades formales u horarios de trabajo (*work schedule*). Por lo tanto, se recomienda hablar (*speak with*) con el anfitrión (*host*) con anticipación para saber cuándo es conveniente llegar a la fiesta o actividad familiar.

Disfruta (*enjoy*) de la fiesta y del ambiente (*atmosphere*) latino. ¡No olvides que a muchos latinx les encanta bailar (*love to dance*) en todas las fiestas! [2]

Answer the following questions in complete sentences:

1. Una fiesta latina es _____.

2. Llegar tarde es sinónimo de _____.

3. Este comportamiento no se aplica a _____.

4. Se recomienda hablar con _____ de la fiesta.

5. A muchos latinx les encanta (*like*) _____ en las fiestas.

6. ¿Llegar tarde es un estereotipo, un mito (*myth*) o una realidad cultural?

---

2 http://www.spanishdict.com/answers/123581/what-does-hora-latina-mean

http://www.spanishpod101.com/blog/2010/05/21/five-things-you-should-know-about-spanish-speaking-cultures/

D Pronombres personales y el verbo ser

LOS PRONOMBRES PERSONALES

A subject pronoun is used to identify the person who is performing the action.

Singular		Plural	
yo	I	**nosotros/as**	we
tú	you (*informal*)	**vosotros/as**	you (*informal*)
Ud., él, ella	you he (*masc.*) she (*fem.*)	**Uds., ellos, ellas**	you (*formal*) they (*masc.*) they (*fem.*)

In Spanish, subject pronouns are singular or plural. The pronoun **it** is not used in Spanish. Instead, you take the gender of the noun and use *él* or *ella* if it is a singular noun, or *ellos* or *ellas* if it is plural.

Example: **El perro** es pequeño. (*The dog is small.*) **Él** es pequeño. (*It is small.*)

La gata es gorda. (*The cat is fat.*) **Ella** es gorda. (*It is fat.*)

The *tú* form refers to someone we can talk to in an informal setting, such as: a classmate, a friend, a sibling, a child; on the other hand, we use the **usted (Ud.)** form when we talk to someone with authority or respect, such as: a professor, the university president, your boss, a stranger, a policeman.

In Spain, the plural form of *tú* is **vosotros** and **vosotras**; but in Latin American countries, **ustedes (Uds.)** is the plural form of *tú* and *usted*.

¡A empezar!

1D ✏ Completa

Complete the equivalent of the personal pronoun in Spanish in each cell in a minute.

Sigue el ejemplo:

I **yo**	you (sing. inform.)	she	we (fem.)	you (pl. form.)
you (pl. inform. fem.)	he	I	they (masc.)	you (sing. inform.)
they (fem.)	you (pl. form.)	you (sing. inform.)	we (masc.)	I
she	they (masc.)	you (sing. form.)	you (pl. inform. masc.)	you and I (fem.)

2D ✏ Selecciona

Select the correct subject pronoun from the options given.
Sigue el ejemplo:

		a	b	c
1.	tú y yo	a. yo	b. Uds.	**c. nosotras**
2.	tú y tú	a. vosotros	b. Uds.	c. ellas
3.	él y yo	a. vosotras	b. nosotros	c. ellos
4.	él y ella	a. ellas	b. ellos	c. Uds.
5.	ella y ella	a. Uds.	b. vosotras	c. ellas
6.	ella y Ud.	a. Uds.	b. ellas	c. nosotras
7.	Ud. y yo	a. vosotros	b. nosotros	c. Uds.
8.	él, él y él	a. ellos	b. Uds.	c. vosotras

EL VERBO SER

Unlike English, there are two verbs that mean **to be** in Spanish, the verb **ser** and the verb **estar**. The verb **ser** is used to identify people, places, things, or ideas.

ser (to be)					
I	yo	**soy**	we	nosotros/as	**somos**
you (informal)	tú	**eres**	you (informal) vosotros/as		**sois**
you he she	Ud., él, ella	**es**	you (formal) they (masc.) they (fem.)	Uds., ellos, ellas	**son**

Like other verbs in Spanish, the subject pronouns can be omitted in a sentence.

Tú eres de España. (*You are from Spain.*)   Eres de España. (*[You] are from Spain.*)

To make a sentence negative, you place a **no** before the verb *ser*.

Tú **no** eres de España. (*You are not from Spain.*)   Ustedes **no** son profesores. (*You are not professors.*)

To make a question, switch the places of subject and verb and add the question marks at the beginning and end of the sentence.

¿Eres (tú) de España? (*Are you from Spain?*)   Sí, soy de España. (*Yes, I am from Spain.*)

¿Son (ustedes) profesores? (*Are you professors?*)   No, no somos profesores. (*No, [we] are not professors.*)

Algunos usos del verbo ser:

Origin: Maluma es de Colombia. (*Maluma is from Colombia.*)
Profession: Zoe Saldana es actriz. (*Zoe Saldana is an actress.*)
Characteristics of people/animals/things: La clase de español es interesante. (*Spanish class is interesting.*)
Time: Es la una de la tarde. (*It is one o'clock.*)
Possession: El libro es del chico. (*The book belongs to the kid.*)

3D ✏️ 🖥️ **Conecta**

Write the corresponding conjugation of the verb **ser** of the following subject pronouns.   Compare your answer with your classmate.:

Sigue el ejemplo:

1. el estudiante ___es___
2. la profesora _____
3. yo _____
4. Cecilia y yo _____

5. tú _____
6. Cecilia y Ana _____
7. Marco y Jorge _____
8. Marco y tú _____

¡A conversar!

4D 👥 **Acerca de ti**

Paso 1: Ask your classmate the following questions. Remember to take note of his or her answers.

Sigue el ejemplo: 1. ¿Cómo te llamas? **Me llamo Manuel.**

2. ¿Eres estudiante a tiempo completo o a tiempo parcial?

3. ¿Eres de España o de los Estados Unidos?

4. ¿Eres pesimista u optimista?

5. ¿Es tu familia grande o pequeña?

Paso 2: Following the previous activity, report your classmate's answers in third person singular, *él or ella,* and write a paragraph.

Sigue el ejemplo: Él se llama Manuel. Él es estudiante a tiempo completo.

_____

_____

_____

_____

_____

5D 👥 **Identifica**

In pairs, ask **yes/no** questions about each picture with the words written below. If it is negative, provide the correct word. Remember to answer each question in a complete sentence.

Sigue el ejemplo:

E1: ¿Es un mapa?

E2: No, **no** es un mapa. Es un cuaderno.

mapa

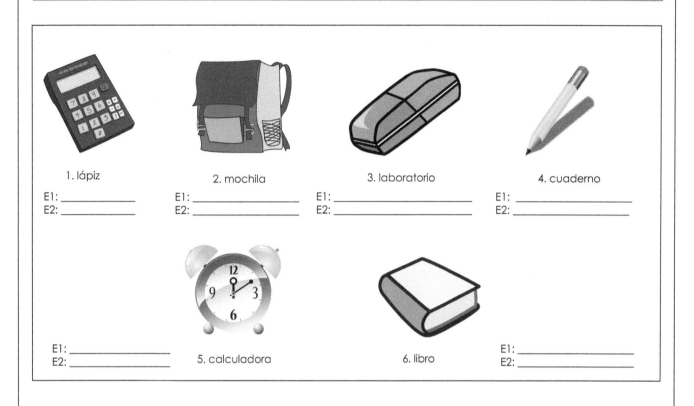

1. lápiz

E1: _____
E2: _____

2. mochila

E1: _____
E2: _____

3. laboratorio

E1: _____
E2: _____

4. cuaderno

E1: _____
E2: _____

E1: _____
E2: _____

5. calculadora

6. libro

E1: _____
E2: _____

¡A escuchar!

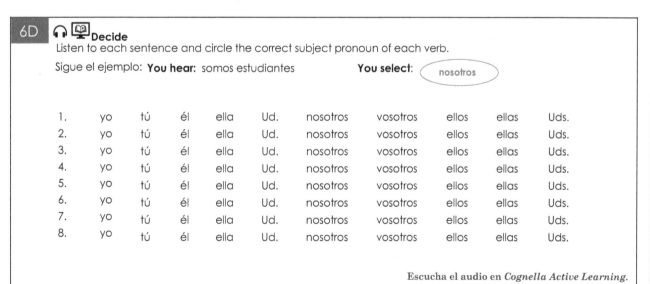

6D 🎧 💻 **Decide**

Listen to each sentence and circle the correct subject pronoun of each verb.

Sigue el ejemplo: **You hear:** somos estudiantes   **You select:** (nosotros)

1.	yo	tú	él	ella	Ud.	nosotros	vosotros	ellos	ellas	Uds.
2.	yo	tú	él	ella	Ud.	nosotros	vosotros	ellos	ellas	Uds.
3.	yo	tú	él	ella	Ud.	nosotros	vosotros	ellos	ellas	Uds.
4.	yo	tú	él	ella	Ud.	nosotros	vosotros	ellos	ellas	Uds.
5.	yo	tú	él	ella	Ud.	nosotros	vosotros	ellos	ellas	Uds.
6.	yo	tú	él	ella	Ud.	nosotros	vosotros	ellos	ellas	Uds.
7.	yo	tú	él	ella	Ud.	nosotros	vosotros	ellos	ellas	Uds.
8.	yo	tú	él	ella	Ud.	nosotros	vosotros	ellos	ellas	Uds.

Escucha el audio en *Cognella Active Learning*.

¡A escribir!

7D ✏️ **¿Sí o no?**

Answer the following **yes/no** questions in the spaces below. If the answer is negative, you need to write what the object or person is.

Sigue el ejemplo:

¿Es un papel? No, **no** es un papel. Es una computadora.

┌─────────────────────────┐
│ 1. ¿Es un hombre?   │
└─────────────────────────┘

_____

_____

┌─────────────────────────┐
│ 2. ¿Es un autobús?   │
└─────────────────────────┘

_____

_____

┌─────────────────────────┐
│ 1. ¿Son unos lapiceros? │
└─────────────────────────┘

_____

_____

┌─────────────────────────┐
│ 4. ¿Es un dentista?   │
└─────────────────────────┘

_____

_____

┌─────────────────────────────┐
│ 5. ¿Es un estadio (stadium)? │
└─────────────────────────────┘

_____

_____

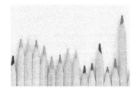

┌─────────────────────────┐
│ 6. ¿Son unos cuadernos? │
└─────────────────────────┘

_____

_____

7. ¿Son unas mochilas?

_____

_____

8. ¿Es una residencia estudiantil?

_____

_____

8D ✏ Combina

Write complete sentences using one element from each column. Make any necessary changes.
Do not forget to conjugate the verb **ser** accordingly. After you are done, check your sentences with a classmate.
Sigue el ejemplo: Marisol es turista.

Marisol		de Perú
La universidad		estudiante(s)
La clase		grande(s) turista(s)
Marisol y yo	SER	de Roberto
Vosotras		profesora(s)
Los cuadernos		estadounidense(s)
Tú		interesante(s)
Yo		

1. _____ .

2. _____ .

3. _____ .

4. _____ .

5. _____ .

¡A leer!

9D 📖 El estudiante universitario

Read the following paragraph about Carlos Peña. Then, answer the questions in complete sentences.
Compare your answers with a classmate.

¡Hola! Me llamo Carlos Peña. Soy de Lima, Perú. Tengo 19 años. Actualmente (*currently*), soy un estudiante a tiempo completo en la universidad. Vivo en la residencia estudiantil con mi compañero de cuarto, Vicente. Él es muy inteligente.

En mi clase de matemáticas hay 18 estudiantes. La clase es muy divertida (*fun*). Hay un examen mañana. ¡Hasta pronto!

Answer the following questions about Carlos Peña in complete sentences:

1. ¿De dónde es Carlos Peña?
2. ¿Cuántos años tiene?
3. ¿Carlos Peña es un estudiante a tiempo parcial (*part-time*)?
4. ¿Cómo se llama su (*his*) compañero de cuarto?
5. ¿Cuántos estudiantes hay en la clase de matemáticas?
6. ¿Su clase es aburrida (*boring*)?

Perspectiva cultural

EL POPOL VUH

The Popol Vuh[3] tells the story of creation according to the Quiché Maya of the region known today as Guatemala. This work has been referred to as the "The Mayan Bible."

Following is an excerpt of the Popol Vuh:

Esta es la relación de cómo todo estaba (*was*) en suspenso, todo en calma, en silencio; todo inmóvil, callado (*quiet*), y vacía (*empty*) la extensión del cielo (*sky*).

Esta es la primera relación, el primer discurso. No había todavía (*there wasn't yet*) un hombre, ni un animal, pájaros (*birds*), peces (*fish*), cangrejo (*crab*), árboles (*trees*), piedras (*rocks*), cuevas, barrancas (*cliffs*), hierbas ni bosques (*woods*); solo el cielo (*heaven*) existía.

No se manifestaba (*It didn't exist*) la faz de la tierra (*face of the Earth*). Solo estaban el mar (*sea*) en calma y el cielo en toda su extensión…

Llegó (*It arrived*) entonces (*then*) la palabra (*word*), vinieron juntos (*together*) Tepeu y Gucumatz en la obscuridad de la noche (*night*) y hablaron entre sí Tepeu y Gucurnatz.

Hablaron (*they talked*), pues, consultando entre sí y meditando; se pusieron de acuerdo (*they agreed*), juntaron (*got together*) sus palabras y pensamientos. Entonces se manifestó con claridad, mientras meditaban (*while meditating*), que cuando amanecieron (*when the sun rises*) debía aparecer (*should appear*) el hombre.

---

[3] https://pueblosoriginarios.com/textos/popol/1.html

1 🖉 **Completa las siguientes oraciones:** (*Complete the following sentences*)

1. La historia de la creación de los Mayas se llama _____.

2. Los Quiché Maya vivieron (*lived*) en _____.

3. En un principio (*at the beginning*) todavía (*yet*) no existía el hombre ni (*nor*)
   _____.

4. Solo estaba el mar en _____ y el _____ en toda su extensión...

5. El Popol Vuh también (*also*) es conocido como _____.

These drawings give a visual image of the Mayan pantheon

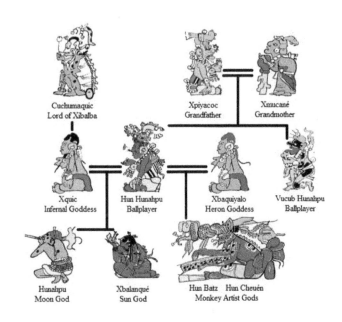

🎥 Video recomendado sobre (*about*) el *Popol Vuh*

https://www.youtube.com/watch?v=Frll9Ctp5vA

¡A pronunciar!

EL ABECEDARIO EN ESPAÑOL

The Spanish and English alphabets are very similar. The only exception is the letter ñ (eñe).

 Vamos a silabear

Practice your pronunciation by reading aloud these countries and/or cities with your partner.

A a	a	Argentina
B b	be	Brasil
C c	ce	Costa Rica
D d	d	Denia
E e	e	España/Estados Unidos
F f	efe	Fortuna
G g	ge	Guatemala
H h	hache	Honduras
I i	i	Ibiza
J j	jota	Jamaica
K k	ka	Kingston
L l	ele	Lima
M m	eme	México

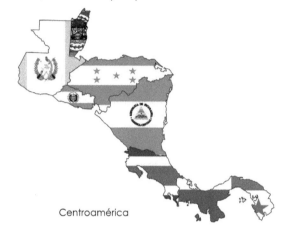

Centroamérica

Suramérica

N n	ene	Nicaragua
Ñ ñ	eñe	Ñuñoa
O o	o	Oviedo
P p	pe	Perú/Puerto Rico
Q q	cu	Quito
R r	ere	República Dominicana
S s	ese	San Juan
T t	te	Tegucigalpa
U u	u	Uruguay
V v	uve	Venezuela
W w	doble uve	Wamba
X x	equis	Xochimilco
Y y	ye	Yurimaguas
Z z	zeta, ceta	Zaragoza

☺ Un chiste *(a joke)*

¿Cuál es la última *(last)* letra del abecedario?
- La 'o'.
- ... ¿No es la 'z'?
- ¡Claro que no! Si no, sería *(would be)* "abecedarioz".

En esta lección aprendiste...

Formas de saludo	Types of greetings
apretón de manos	handshake
abrazo	hug
palmada	pat on the back
beso	kiss
saludo con la mano	hand wave

Saludos generales	General greetings
Hola	Hi
Buenos días	Good morning
Buenas tardes	Good afternoon
Buenas noches	Good evening/night
Hasta la vista	See you later
Hasta pronto	See you soon
Adiós	Good-bye
Chau	Bye
Mi amigo/a	My friend

Frases y expresiones para conversar	Phrases and expressions for conversation
¿Alguna pregunta?	Any questions?
¡Bien hecho!	Well done!
¡Bravo!	Excellent!
¡Buen trabajo!	Good job!
¿Cómo se dice ____ en español?	How do you say ____ in Spanish?
¡Estupendo!	Wonderful!
Háganse preguntas	Ask each other questions
No entiendo	I don't understand
¿Listo/lista?	Ready?
¿Puede repetirlo, por favor?	Can you repeat that, please?
¿Qué tal?	How is it going?
¡Qué chévere!	Awesome!/Cool!

Expresiones de cortesía	Courtesy expressions
Gracias	Thank you
Muchas gracias	Thank you very much
No hay de qué	You are welcome
Por favor	Please
Disculpa/Lo siento	I am sorry
Buen fin de semana	Have a good weekend
Bienvenidos/as	Welcome

Títulos	Titles
señor/don (Sr.)	Mr.
señora/doña (Sra.)	Mrs.
señorita (Srta.)	Miss
profesor/profesora	Professor (masc./fem.)

La hora	Time
¿Qué hora es?	What time is it?
la hora	the time
el mediodía	noon
la medianoche	midnight
de la tarde	in the afternoon
de la mañana	in the morning
de la noche	in the evening/at night

Sustantivos - Personas	Nouns (People)
el chico	boy
la chica	girl
el compañero de cuarto	roomate (male)
la compañera de cuarto	roomate (female)
el conductor	driver (male)
la conductora	driver (female)
el/la estudiante	student
- a tiempo completo	- full time
- a tiempo parcial	- part-time
la familia	family
la gente	people
el hombre	man
la mujer	woman
el/la paciente	patient
el pasajero	passenger (male)
la pasajera	passenger (female)

Sustantivos - Lugares	Nouns (Places)
la biblioteca	library
el café	coffee shop
el cine	movie theater
el estadio	stadium
el laboratorio	lab
la oficina	office
el país	country
la residencia estudiantil	dorm
la universidad	university/college

Partes de la lección	Parts of the lesson
¡A empezar!	Let's begin!
¡A conversar!	Let's talk!
¡A escribir!	Let's write!
¡A escuchar!	Let's listen!
¡A leer!	Let's read!
¡A pronunciar!	Let's pronounce!

Sustantivos - Cosas	Nouns (Things)
los anteojos	glasses
el autobús	bus
el borrador	eraser
el café	coffee
la calculadora	calculator
la cámara	camera
el carro	car
la clase	class
la clase de español	Spanish class
la composición	composition
la computadora	computer
el cuaderno	notebook
el día	day
el diario	journal
la dona	doughnut
el escritorio	desk
la foto (fotografía)	photo (picture)
la guitarra	guitar
el horario de clase	class schedule
el lapicero	pen
el lápiz	pencil
el lápiz de color	colored pencil
la lección	lesson
el libro	book
la limonada	lemonade
la mano	hand
el mapa	map
la mesa	table
la mochila	backpack
el número	number
el papel	paper
el problema	problem
el programa	program
la puerta	door
el reloj	clock
la silla	chair
el teléfono	telephone
los tenis	tennis shoes/sneakers

Verbos, frases y oraciones cortas	Verbs, phrases, and short sentences
A buscar en el diccionario	Let's look up in the dictionary.
A comparar y contrastar	Let's compare and contrast.
Aprendiste ...	You learned ...
Contemos.	Let's count.
¿Cuántos hay?	How many are there?
Dibuja la hora	Draw the time
La palabra es correcta.	The word is correct.
¿Qué hay en la clase?	What is there in the classroom?
¿Qué traes en tu mochila?	What do you bring in your backpack?
Ser/estar	To be
¡Vamos a conocernos!	Let's get to know each other!
Hay	There is/There are

Las presentaciones	Introductions
(Formal)	(Formal)
¿Cómo se llama?	What is your name?
¿Cuál es su nombre?	What is your name?
Le presento a...	I would like to introduce you to...
(Informal)	(Informal)
¿Cómo te llamas?	What is your name?
¿Cuál es tu nombre?	What is your name?
Te presento a...	I would like to introduce you to...
Mucho gusto	Pleased to meet you
Encantado/da	Delighted
Mi especialidad es...	My major is...
Mi subespecialidad es...	My minor is...

Los días de la semana	Days of the week
el lunes	Monday
el martes	Tuesday
el miércoles	Wednesday
el jueves	Thursday
el viernes	Friday
el sábado	Saturday
el domingo	Sunday

Notas

LECCIÓN DOS
PROFESIONES, OFICIOS Y DEPORTES

GOALS:

By the end of this lesson, you will learn …
- to talk about sports and professions
- to use the present tense of regular *-ar* verbs
- to use the verb *gustar*
- to use the verb *estar* to express conditions and emotions
- to use prepositions to describe location
- to use numbers 60 and more

"Cuanto más difícil es la victoria, mayor es la felicidad de ganar." Pelé

¿Por qué es importante practicar un deporte?

¿Qué deportes son los más populares en tu estado/país?

¿Crees que los oficios son tan importantes como las profesiones? ¿Por qué?

VOCABULARIO
- Profesiones, oficios y deportes
- Verbos

ESTRUCTURAS GRAMATICALES
- Gramática 2A: Presente indicativo de los verbos regulares -ar
- Gramática 2B: Verbo **gustar** con sustantivos y otros verbos
- Gramática 2C: Verbo **estar** con emociones y condiciones
- Gramática 2D: Verbo **estar** y preposiciones de lugar
- Gramática 2E: Los números del 60 en adelante

LECTURAS
- Antonia Novello
- Zumba
- Un tenista famoso
- Los poemas de José Martí
- ¿Dónde está la Sagrada Familia?
- El quipu

PERSPECTIVA CULTURAL
- Los deportes autóctonos

PRONUNCIACIÓN Y ORTOGRAFÍA
- Reglas del acento y el acento en español

The more difficult the victory, the greater the happiness in winning." – Pelé
https://latravelista.com/frases-de-superacion/

PROFESIONES, OFICIOS Y DEPORTES 02

47

Profesiones, oficios y deportes

Deportes (*Sports*)

el atletismo	*track and field*
el básquetbol/el baloncesto	*basketball*
el béisbol	*baseball*
el ciclismo	*cycling*
el fútbol	*soccer*
el fútbol americano	*American football*
el golf	*golf*
el hockey	*hockey*
el lacrosse	*lacrosse*
la natación	*swimming*
el tenis	*tennis*
el softball	*softball*
el vóleibol	*volleyball*

¿Cuál es tu profesión?
Algunas profesiones (*Some professions*)

el abogado/la abogada	*lawyer*
el arquitecto/la arquitecta	*architect*
el asistente administrativo/ la asistente administrativa	*administrative assistant*
el consejero/la consejera	*advisor*
el contador/la contadora	*accountant*
el/la deportista	*athlete*
el doctor/la doctora	*doctor*
el/la economista	*economist*
el enfermero/la enfermera	*nurse*
el escritor/la escritora	*writer*
el hombre de negocios	*businessman*
el ingeniero/la ingeniera	*engineer*
el logopeda/la logopeda	*speech pathologist*
el maestro/la maestra	*school teacher*
el mecánico/la mecánica	*mechanic*
el médico/la médica	*doctor*
la mujer de negocios	*businesswoman*
el/la periodista	*journalist*
el profesor/la profesora	*professor*
el programador/ la programadora	*computer programmer*
el psicólogo/la psicóloga	*psychologist*
el terapeuta físico/ la terapeuta física	*physical therapist*

¿Cuál es tu ocupación? (*What's your occupation?*)
Algunas ocupaciones (*Some occupations*)

el actor/la actriz	*actor/actress*
el artesano/la artesana	*artisan*
el/la artista	*artist*
el bombero/la bombera	*firefighter*
el/la cantante	*singer*
el músico/la música	*musician*
el/la policía	*police officer*
el presidente/la presidenta	*president*

artesano creando una guitarra

Practica las palabras útiles y de referencia en *Cognella Active Learning*.

Vocabulario adicional relacionado con los deportes
(Additional vocabulary related to sports)

el árbitro/la árbitra	referee
la bola/la pelota	ball
la cancha de fútbol	soccer field
la cancha de tenis	tennis court
el estadio	stadium
el equipo	team/equipment
el guante	glove
el jugador/la jugadora	player
jugar una mejenga/	play a pickup game
jugar un partidito	
el/la maratón	marathon
el partido	game
la piscina	swimming pool
la raqueta	racket
el tiquete/el boleto	ticket

Vocabulario adicional relacionado con las artes
(Additional vocabulary related to the arts)

las artesanías	crafts
el cuadro (de pintura)	paintings
el diseño	design
las manualidades	arts and crafts
la guitarra	guitar
el piano	piano
el saxofón	saxophone
el teatro	theater
la trompeta	trumpet
el violín	violin

Verbs *(Verbs)*

cazar	to hunt
correr	to run
correr en la pista	to run track
ganar	to win
nadar	to swim
pescar	to fish
practicar	to practice
trotar	to jog

¡A empezar!

1 ✏ ¿Practicas algún deporte?
Match the picture to the vocabulary word.

1	2	3	4	5

(___) correr en la pista

(___) tenis

(___) vóleibol

(___) lacrosse

(___) natación

2 ✏ 🖥 ¿En qué trabajas?
Read the description and write down the profession it describes.

actriz   enfermera   abogada   artesana   médica

1. _____ persona que representa (*represents*) a otra en la corte (*court*).
2. _____ persona que trabaja (*works*) en obras de teatro, series o películas (*movies*).
3. _____ persona que buscas (*look for*) cuando tienes problemas de salud (*health*).
4. _____ persona que trabaja en una clínica y ayuda (*helps*) a los doctores.
5. _____ persona que diseña (*designs*) a mano (*by hand*) artículos exclusivos.

3 ✏️ ¿Quién es quién?

Choose the name that best completes each description.

Franklin Chang-Diaz 　　Isabel Allende 　　Leonel Messi 　　Lin-Manuel Miranda 　　Celia Cruz

1. _____ es de Argentina y practica fútbol todos los días.
2. _____ es una escritora y sus libros se han traducido (*have been translated*) a muchos idiomas.
3. _____ es un actor y practica sus líneas de Hamilton en el teatro.
4. _____ es un astronauta y hace investigaciones (*researches*) para la NASA.
5. _____ es una cantante de Cuba y se le llama la "Reina de la Salsa" (*The Queen of Salsa*).

¡A conversar!

4 👥 El profesional ideal

Working with a partner, write a complete sentence describing each profession below using adjectives from the table. Use three adjective per profession. Remember that adjectives have to agree (sing.-pl./masc.-fem.) with the nouns they describe.

Sigue el ejemplo: deportista: Un deportista es atlético, responsable y organizado.

amable (*kind*)	activo/va	cómico/ca	eficiente
paciente	buena persona	organizado/da	generoso/sa
abierto/ta (*open*)	serio/a	inteligente	práctico/ca
optimista	responsable	atlético/ca	puntual
flexible	sentimental	persistente	analítico/ca

1. maestros: _____.
2. terapeutas físicas: _____.
3. artesano: _____.
4. policías: _____.
5. cantante: _____.
6. abogada: _____.
7. programadores: _____.

5 👥 **Hola, soy José y me gusta ...**

Paso 1: Record the activities you enjoy in the 'Yo' column.

Paso 2: Following the model, ask three of your classmates what they like to do and record their answers in the appropriate column. Do you enjoy the same activities?

Sigue el ejemplo: E1: Me gusta el tenis, ¿y a ti?

E2: Sí, también (*also*) me gusta el tenis. **or** E2: No, no me gusta el tenis.

Actividad	Yo	E1: Nombre _____	E2: Nombre _____	E3: Nombre _____
tocar (*play*) el piano				
jugar tenis				
practicar la natación				
jugar una mejenga de fútbol				
hacer (*make*) manualidades				
jugar golf				
practicar atletismo				

¡A escuchar!

6 🎧 📖 **Actividades favoritas**

Look at the pictures below. Your instructor will read out a description for each one (note: they will be read out of order). As they describe the sport, write down the vocabulary word beneath the corresponding picture. You will also need to record the order in which they describe the images.

Sigue el ejemplo:

Paso 1: **You hear:** se usa una bola, hay muchos árbitros y muchos jugadores y se practica en un estadio.

You look at the image:

Paso 2: **You write** under the image: el fútbol americano

a. _____

b. _____

c. _____

d. _____

e. _____

Escucha el audio en *Cognella Active Learning*.

¡A escribir!

7 ✏ **¿Me conoces?**

Do you recognize these names? If you do not, search the internet to find out who they are (hint: all of them are Hispanic!), then write two sentences about each person.

Sigue el ejemplo: Leonel Messi: <u>Él es un jugador de fútbol. Él es de Argentina.</u>

1.   Óscar Arias:

_____

_____

2.   Sofía Vergara:

_____

_____

3.   Antonia Novello:

_____

_____

4.   Jorge Ramos:

_____

_____

   Roberto Clemente:

_____

5.   _____

8 ✏️ **¡Hola, Siri!**

How much do you know about your city, your state, or the world? Using the internet, find the following information. Use complete sentences in your answers.

Sigue el ejemplo: ¿Qué país (*country*) de Latinoamérica ha ganado (*has won*) más copas mundiales de fútbol?
Brasil ha ganado más copas mundiales de fútbol.

1. ¿Cuántos bomberos hay en tu ciudad (*city*)?
2. ¿Hay algún (*any*) escritor famoso o alguna escritora famosa en tu estado? ¿Cómo se llama?
3. ¿Hay actores o actrices famosos nacidos (*born*) en tu ciudad? ¿Cómo se llaman?
4. ¿Cuántos (*how many*) deportes participan en las olimpiadas de verano (*summer*)?
5. ¿Quién ganó (*won*) el campeonato de fútbol europeo femenino el año pasado?

¡A leer!

9 📖 **Antonia Novello**

Read about Antonia Novello and answer the questions below.

Antonia Novello es de Puerto Rico y fue (*was*) la primera (*first*) mujer y la primera hispana en ocupar el puesto de cirujana (*surgeon*) general de los Estados Unidos. De pequeña (*when she was little*), pasó mucho tiempo (*spent a long time*) en el hospital. En 1978, el presidente George Bush la nombró (*named her*) Secretaria de Salud Pública de los Estados Unidos. Comenzó (*started*) a trabajar en el Cuerpo de Comisionados del Servicio de Salud Pública de los Estados Unidos. Esta es una organización de médicos y profesionales de la salud (*health*) que ayudan (*help*) a los pobres (*poor*).[1]

Based on the reading, choose *sí* or *no* to answer these questions.

1. ¿Antonia Novello es de Puerto Rico?　　Sí　No
2. ¿Fue la primera mujer y persona latina en ser cirujana general?　　Sí　No
3. ¿Nunca (*never*) pasó tiempo en el hospital?　　Sí　No
4. ¿El presidente George W. Bush la nombró secretaria de la Salud Pública?　　Sí　No
5. ¿El Cuerpo de Comisionados ayuda a los pobres?　　Sí　No

[1] https://www.ohsu.edu/womens-health/women-who-inspire-us-antonia-novello-md

A Presente indicativo de los verbos regulares -ar

The present indicative of the verb refers to (a) an action at the time of speaking, (b) an action in the near future, and (c) actions that repeat over time.

Nosotros estudiamos para el examen.
(*We study for the exam.*)

Yo viajo a España el próximo mes.
(*I travel to Spain next month.*)

Mariana camina al parque los lunes.
(*Mariana walks to the park on Mondays.*)

In Spanish, the infinitive of every verb ends in either -ar, -er, or -ir; for example: *caminar, beber, escribir.* In English, the infinitive is formed with "to": *to walk, to drink, to write.*

In this lesson we will talk about the -ar regular verbs. Regular verbs are conjugated in the following manner:

a. Select a verb in the infinite form   **bailar**
b. Drop the -ar ending.   **bail-ar**
c. To the stem, add the new   (yo) **bailo**
   ending of the subject pronoun.   Yo **bailo** salsa. (*I dance salsa.*)

bailar (to dance)			
yo	bailo	nosotros/as	bailamos
tú	bailas	vosotros/as	bailáis
Ud., él, ella	baila	Uds., ellos, ellas	bailan

Because of the uniqueness of the conjugations in Spanish verbs, the subject pronoun can be omitted.

Estudiamos para el examen.
(*We study for the test.*)

Viajo a España el próximo mes.
(*I travel to Spain next month.*)

To make a negative statement, the word **no** must precede the verb.

Nosotros **no estudiamos** el sábado.
(*We do not study on Saturday.*)

Yo **no viajo** a España el próximo mes.
(*I do not travel to Spain next month.*)

To change a statement into a question, the subject and the verb change positions, and question marks must be placed at the beginning and the end of the sentence.

¿**Estudian** Uds. el sábado?
(*Do you study on Saturday?*)

¿**Viajas** a España el próximo mes?
(*Do you travel to Spain next month?*)

To answer yes/no questions, use *Sí* or *No*:

¿**Estudian** Uds. el sábado?
Sí, **estudiamos** el sábado.
(*Yes, we study on Saturday.*)

¿**Viajas** a España el próximo mes?
Sí, (yo) **viajo** a España el próximo mes.
(*Yes, I travel to Spain next month.*)

For negative answers, use **no** twice:

¿**Estudian** Uds. el sábado?
No, no estudiamos el sábado. (*No, we do not study on Saturday.*)

¿**Viajas** a España el próximo mes?
No, no viajo a España el próximo mes. (*No, I do not travel to Spain next month.*)

Common -*ar* verbs

bailar	to dance	enseñar	to teach	necesitar	to need
buscar	to look for	escuchar	to listen	participar	to participate
caminar	to walk	esperar	to wait	pintar	to paint
cantar	to sing	estudiar	to study	practicar	to practice
cenar	to have dinner	explicar	to explain	preguntar	to ask
comprar	to buy	ganar	to win	preparar	to prepare
conversar	to talk, to converse	hablar	to talk	terminar	to finish
contestar	to answer	llamar	to call	tocar	to touch, to play
desayunar	to have breakfast	llegar	to arrive	tomar	to take, to drink
descansar	to rest	llevar	to carry	trabajar	to work
desear	to wish	mirar	to look, to watch	trotar	to jog
dibujar	to draw	nadar	to swim	usar	to use
				viajar	to travel

¡A empezar!

1A ✎ **Conjuguemos**

Write the correct form of the -*ar* verb according to the subject pronoun.

infinitivo	yo -o	tú -as	Ud., él, ella -a	nosotros -amos	vosotros -áis	Uds., ellos, ellas -an
bailar	bail_	bail_	bail_	bail_	bail_	bail_
trabajar						
comprar						
caminar						
practicar						
estudiar						

2A ✎ **Completa**

Paso 1: Write the subject pronoun for each verb in the space provided.

1. _____ canto
2. _____ baila
3. _____ estudian
4. _____ hablas
5. _____ compramos
6. _____ tomáis

Paso 2: Now, connect a verb with the most logical predicate in the spaces provided.

1. canto _____

2. baila _____

3. compramos _____

4. estudian _____

5. hablas _____

6. tomáis _____

Predicados:
el autobús
español
pizza
mucho
salsa y merengue
Despacito

3A ✏️ 🖥️ **Selecciona**

Complete each sentence with the appropriate form of the verbs given.

1. Yo ____ música moderna. a. escuchamos b. escuchas c. escucho	2. Margarita ____ en la universidad. a. trabaja b. trabajo c. trabajas	3. Vanesa y tú ____ muy bien. a. dibujas b. dibujamos c. dibujan
4. Yo nunca ____ a las 7:00 p.m. ¿Y tú? a. cena b. ceno c. cenas	5. Las profesoras ____ a las 8:00 a.m. siempre. a. llega b. llegas c. llegan	6. La clase de español ____ a las 4:00 p.m. a. terminas b. termina c. termino
7. Analía y Cecilia ____ la pizarra con atención. a. miramos b. mira c. miran	8. ¿____ a tu compañera de cuarto? a. Buscas b. Busca c. Buscamos	¡Ahora tú! Crea una idea similar. 9. _____ a. b. c.

¡A conversar!

4A 👥 **Pregúntame**

Paso 1: Ask your classmate yes/no questions. Write his or her answer(s). Take turns.

Sigue el ejemplo: ¿(Cenar) en el restaurante? ➔   E1: ¿Cenas en el restaurante?

                                                   E2: **Sí**, ceno **en el restaurante.**

                                                   No, no ceno **en el restaurante.**

1. ¿(Buscar) el libro de español en la librería?
2. ¿(Descansar) los domingos (on Sundays)?
3. ¿(Participar) en competencias atléticas?
4. ¿(Mirar) la televisión los fines de semana (on the weekend)?

5. ¿(Trabajar) en el hospital?
6. ¿(Desayunar) en la cafetería todos los días?

Paso 2: Report your answers to a different classmate.
Sigue el ejemplo: Mi compañero **y** yo descansamos los domingos.

or

Mi compañero trabaja en un hospital, **pero** yo no trabajo.

5A   👥 **¿Con qué frecuencia?**

Paso 1: Complete the chart below and determine how frequently you perform the following activities.
Place an X in the corresponding box. Conjugate the verb in the first column.
Sigue el ejemplo: (Yo) siempre llevo una mochila a la universidad.

Actividades	Siempre (always)	A veces (sometimes)	Nunca (never)
1. (Llevar)_____una mochila a la universidad.	X		
2. (*Llegar*) _____ tarde (*late*) a clases.			
3. (Estudiar) _____ en la biblioteca.			
4. (Escuchar) _____ a la profesora.			
5. (Ganar) _____ créditos extra en las clases.			
6. (Practicar) _____ el fútbol.			

Paso 2: Ask a classmate to determine how frequently he or she performs the following activities.
Conjugate the verbs accordingly.
Sigue el ejemplo: E1: ¿Con qué frecuencia llev**as** una mochila a la universidad?
(How frequently do you carry a backpack to the university?)

E2: (Yo) *siempre* llev**o** una mochila.
(I always carry a backpack.)

Actividades	Siempre (always)	A veces (sometimes)	Nunca (never)
1. (Llevar) _____una mochila a la universidad.			X
2. (Llegar) _____tarde a clases.			
3. (Estudiar) _____ en la biblioteca.			
4. (Escuchar) _____ a la profesora.			
5. (Ganar) _____créditos extra en tus clases.			
6. (Practicar) _____ el fútbol.			

Paso 3: Compare your answers with your classmate's and make conclusions. Share your answers with the class.
Sigue el ejemplo: E1: Yo **siempre** llev**o** una mochila a la universidad, pero mi compañero **nunca** llev**a** una.
(I always carry a backpack to the university, but my classmate never carries one.)

E2: Nosotros siempre llev**amos** una mochila a la universidad.
(We always carry a backpack to the university.)

¡A escuchar!

6A 🎧 📖 **Identifica**

Identify the pictures with the description given by your instructor.

a.

b.

c.

d.

e.

f.

*Escucha el audio en **Cognella Active Learning**.*

¡A escribir!

7A ✏️ **Preferencias**

Paso 1: Rank these activities chronologically from 1-8 according to what you do on campus daily, where 1 is the earliest activity, and 8 is the latest activity.

_____ escuchar música.	__1__ desayunar en la cafetería.
_____ conversar con mi compañero de clase.	_____ caminar a clases.
_____ estudiar en la biblioteca.	_____ preparar la tarea.
_____ descansar en mi dormitorio.	_____ practicar español.

Paso 2: Using your ranking above as a guide, write a paragraph to your best friend describing your wonderful life on campus. Use the sequence words provided to enhance your writing. When you have finished, read the paragraph aloud to one of your classmates.

> Hola amigo,
> ¿Cómo estás? Yo estoy muy bien. Mi vida universitaria es fascinante.
> Primero, yo desayuno en la cafetería a las 7 de la mañana...

Primero *First*
Segundo *Second*
Después *After, afterward*
Luego *Later*
Tercero *Third*
Por último *Finally*

8A ✏️ De regreso a la universidad

You are very happy to be back on campus. Write your own sentences using the verbs on the list below. Write about the activities you do the first week you are back on campus.

llegar	buscar	participar	llevar	desayunar	hablar

1. _____ .
2. _____ .
3. _____ .
4. _____ .
5. _____ .
6. _____ .

¡A leer!

9A 📖 Zumba

Zumba[2] es una disciplina deportiva en la que se combinan los ejercicios aeróbicos con la música internacional. El creador es el colombiano Alberto "Beto" Pérez. Principalmente, bailas salsa, cumbia, merengue, chachachá, flamenco, hip hop, soca, tango, reggaetón y muchos ritmos más. ¡Es una fiesta! Para practicar Zumba no necesitas ningún equipo, solo tu cuerpo (*body*). Con Zumba bailas, saltas (*jump*) y gritas (*yell*) de felicidad por 60 minutos. Zumba es la actividad física ideal para bajar de peso (*to lose weight*), tonificar el cuerpo, trabajar todos los músculos y pasar (*to spend*) una hora de diversión. ¡Vamos a practicar!

Alberto "Beto" Pérez

¿Cierto o falso?

Paso 1: Determine whether the following statements are True (*Cierto*) or False (*Falso*) according to the reading. If they are false, explain why.

	Cierto	Falso
1. Zumba es una disciplina educativa.	_____	_____
2. Beto Pérez es de los Estados Unidos.	_____	_____
3. Zumba es una fiesta internacional.	_____	_____
4. Con Zumba bajas de peso y tonificas los músculos.	_____	_____
5. Necesitas máquinas para practicar Zumba.	_____	_____

Paso 2: Circle all the *-ar* verbs that you can find in the reading above. How many can you find? Write down all the -ar verbs you have found.

---

[2] www.zumba.com

B Verbo gustar con sustantivos y otros verbos

One way to express likes and dislikes in Spanish is by using the verb *gustar*.

In this lesson we will study the singular form **gusta**, and the plural form **gustan**.

The singular form is used before a singular noun. The plural form is used before a plural noun:

Me gusta el baloncesto.
(*I like basketball.*)

Te gusta**n** los deportes.
(*You like sports.*)

Also, the singular form is used with an infinitive when you want to express that a person likes to do something:

Me gusta bailar la Macarena.
(*I like to dance Macarena.*)

Nos gusta trotar en el parque.
(*We like to jog in the park.*)

To write a negative sentence, we place **no** before the indirect object pronoun (me, te, le, nos, os, les):

No te gustan los deportes.
(*You do not like sports.*)

No les gusta la guitarra.
(*They do not like the guitar.*)

When we write a sentence with the verb **gustar**, we could begin with a prepositional phrase (**A** + pronoun, person, or a title) before the corresponding indirect object pronoun to add emphasis or for clarification purposes.

A mí *me* gusta pintar cuadros.
(*I like to paint pictures.*)

A ti *te* gustan las canchas de tenis.
(*You like the tennis courts.*)

A Luis no le gusta dibujar.
(*Luis does not like to draw.*)

A Juan y a Susana les gusta el tenis.
(*Juan and Susana like tennis.*)

A los Srs. Blanco les gusta la natación.
(*Mr. and Mrs. Blanco like swimming.*)

A la Sra. Jara le gustan los partidos de fútbol.
(*Mrs. Jara likes soccer games.*)

Prepositional phrase	Negative	Indirect Object Pronoun
A mí	(no)	me
A ti	(no)	te
A Ud., él, ella	(no)	le
A nosotros/as	(no)	nos
A vosotros/as	(no)	os
A Uds., ellos, ellas	(no)	les

gustar	noun-verb
gusta (*noun*)	el tenis la gimnasia
gusta (*verb*)	tomar café bailar salsa
gustan (*noun*)	los deportes las computadoras

¡Ojo! Remember that the subject (yo, tú, él, etc.) is not a person, but the object (s) or action that it is pleasing.

A literal translation might be: Running pleases me **or** Movies please me.

¡A empezar!

1B ✏ Rellena

Fill the blanks with the missing elements. Pay close attention to the noun that follows the verb.
Sigue el ejemplo:

1. A _mí_	me	gusta	el semestre.
2. _____ ti			el voleibol.
3. _____ Eva			la natación.
4. _____ (el) señor García			el laboratorio.
5. A _____	nos		los deportes.
6. _____ vosotras			el fútbol americano.
7. A ellos			las charadas.
8. _____ Ana y _____ Eva			las películas de terror.

2B 👥 ¿Qué les gusta hacer?

Describe what these people like to do in their free time, by conjugating the verb gustar appropriately. Answer in complete sentences.
Sigue el ejemplo: A mí me gusta contestar las preguntas.

¿Qué te gusta hacer?	¿Qué le gusta hacer a la profesora?	¿Qué les gusta hacer a Uds.?	¿Qué les gusta hacer a los chicos?
A mí	**A la profesora...**	**A nosotros...**	**A los chicos...**
1. (contestar) las preguntas.	3. (cenar) a las 7 p.m.	5. (descansar) los domingos.	7. (cantar) "La Bamba."
2. (caminar) 1 milla.	4. (trabajar) mucho.	6. (practicar) español.	8. (escuchar) a la profesora.

3B ✏ Escoge

Circle the correct form of the verb gustar. Pay close attention to the word that follows the verb gustar.

1. A mí me (gusta/gustan) el español.
2. A Ana le (gusta/gustan) viajar.
3. A ti no te (gusta/gustan) los deportes.
4. A la Sra. Flores le (gusta/gustan) desayunar cereal.
5. A María le (gusta/gustan) los partidos de fútbol.
6. A mí me (gusta/gustan) cantar y bailar.
7. Al profesor le (gusta/gustan) los lápices de colores.
8. A ti y a mí nos (gusta/gustan) las novelas de acción.

¡A conversar!

4B ¡A conocernos!

Paso 1: Walk around the class and ask your classmates the following questions. Take note of their names and their answers.

Sigue el ejemplo: E1: ¿Te gusta practicar el tenis?
E2: Sí, me gusta practicar el tenis.
No, no me gusta practicar el tenis.

practicar el baloncesto	cantar y bailar	hablar por teléfono	jugar al béisbol
ganar siempre	descansar después de clases	desayunar en las mañanas	mirar partidos de fútbol

Paso 2: Report your classmate's answers to your instructor or a different classmate.

Sigue el ejemplo: A mi compañero (no) le **gusta** practicar el baloncesto.
A Roberto (no) le **gusta** practicar el baloncesto.

5B ¿Mucho, poco o nada?

Paso 1: You need to decide whether you like to perform the following activities a *lot*, a *little*, or *not at all* by placing a check in the appropriate column.

Sigue el ejemplo: A mí me gusta mucho conversar en clase.

ACTIVIDAD	ME GUSTA MUCHO (I like it very much)	ME GUSTA POCO (I like it a little)	NO ME GUSTA NADA (I do not like it at all)
1. conversar en clase	✓		
2. cenar en restaurantes de comida rápida (fast food)			
3. bailar la Macarena			
4. escuchar música en español			
5. buscar aplicaciones (apps) nuevas			
6. llegar a tiempo (on time)			

Paso 2: Ask your classmate whether he or she likes to perform the following activities as well. Check his/her responses in the next box.

Sigue el ejemplo: (conversar en clase)

E1: ¿Te gusta conversar en clase?
E2: No, no me gusta nada conversar en clase.

ACTIVIDAD	LE GUSTA MUCHO (he/she likes it very much)	LE GUSTA POCO (he/she likes it a little)	NO LE GUSTA NADA (he/she doesn't like it at all)
1. conversar en clase			✓
2. cenar en restaurantes de comida rápida (fast food)			
3. bailar la Macarena			
4. escuchar música en español			
5. buscar aplicaciones (apps) nuevas			
6. llegar a tiempo (on time)			

Paso 3: Compare your answers with those of your classmate. Share with the class one similarity and one difference in your preferences.

Sigue el ejemplo: A mi compañera no **le gusta nada** conversar en clase, pero a mí **me gusta mucho.**
(My classmate does not like to talk at all in class, but I like it very much.)

A mi compañera y a mí **nos gusta mucho** escuchar música en español.
(My classmate and I like to listen to music in Spanish very much.)

¡A escuchar!

6B 🎧 💻 El fin de semana
Listen to Pedro and Cecilia's conversation. Then, mark down who performs which activities from the list.

Actividades	¿Pedro o Cecilia?
1. Caminar en el parque	_____
2. Nadar en la piscina	_____
3. Tomar un refresco	_____
4. Descansar en el sofá	_____
5. Desayunar panqueques	_____
6. Cenar cereal	_____
7. Trabajar en la cafetería	_____
8. Escuchar música latina	_____

Escucha el audio en *Cognella Active Learning.*

¡A escribir!

7B 🖊 ¿Qué te gusta más?
Paso 1: Decide which activities, from the options given, you like to do more in the summer.

Paso 2: Then, write a complete sentence.

Sigue el ejemplo: En el verano (*Summer*), me gusta más caminar en el parque. No me gusta nada nadar en la piscina.

1. escuchar jazz/escuchar reggae

2. hablar por teléfono/mandar mensajes de texto

8B ✏ ¿Qué le gusta a tu compañero?

Ask your classmate about his or her preferences while on vacation. Take note of his or her answers.

Sigue el ejemplo: E1: ¿Te gusta caminar?

E2: Sí, me gusta caminar. **or** No, no me gusta caminar.

1. caminar   2. nadar   3. cenar   4. comprar

Paso 2: Write complete sentences in third person singular with the information your classmate provided.

Sigue el ejemplo: A mi compañero (no) le gusta caminar.

¡A leer!

9B 📖 Un tenista famoso

Read the description of Rafael Nada. Then, answer the questions with complete sentences.

Rafael "Rafa" Nadal[3] es un tenista español. Su cumpleaños (*birthday*) es el tres de junio (*June*). Rafa es un gran deportista desde (*since*) los quince años. Él tiene muchos títulos mundiales de tenis. Ganó (*won*) su primer torneo (*tournament*) a los 8 años. Tiene un récord de 22 títulos individuales (*singles*) ganados.

En su tiempo libre, le gusta mucho jugar en el ordenador (*computer*), la Fórmula 1, la música de Bon Jovi, Maná y Brian Adams. También le gusta practicar el golf y la pesca. Él es activo, atlético y deportista. Rafael es muy ambicioso, disciplinado y serio.

---

[3] https://www.facebook.com/Nadal/

Answer the following questions with complete sentences:

1. ¿Rafael Nadal es norteamericano? _____.

2. ¿A "Rafa" Nadal le gusta la música clásica?_____.

3. ¿Cómo es Nadal? ¿Es un hombre perezoso (lazy)? _____.

4. ¿Qué le gusta hacer en su tiempo libre (free time)? _____.

5. ¿Te gusta practicar el tenis? _____.

[C] Verbo estar con emociones y condiciones

In lesson 1, we learned that there are two verbs in Spanish that mean "to be", the verb *ser* and the verb *estar*. The verb *estar* is commonly used to express a person's feelings or state of being.

Note that, even though the verb *estar* is an -ar verb, the conjugation is different: the first-person singular is irregular, and the second and third singular and plural persons have written accents.

Yo estoy contento. *(I am happy.)*   Vosotras estáis enojadas. *(You all are angry.)*

estar *(to be)*			
yo	estoy	nosotros/as	estamos
tú	estás	vosotros/as	estáis
Ud., él, ella	está	Uds., ellos, ellas	están

Emotions and conditions as adjectives must agree in gender and number with the noun they modify. See the following examples:

Ella está relajada.   Ellas están relajadas.
(She is relaxed.)   *(They are relaxed.)*

Él está relajado.   Ellos están relajados.
(He is relaxed.)   *(They are relaxed.)*

Emociones
Here is a list of some adjectives to use with the verb *estar*:

aburrido/da	*bored*	malhumorado/da	*in a bad mood*
avergonzado/da	*embarrassed*	molesto/ta	*mad*
cansado/da	*tired*	nervioso/sa	*nervous*
confiado/da	*confident*	ocupado/da	*busy*
confundido/da	*confused*	preocupado/da	*worried*
enamorado/da (de)	*in love (with)*	relajado/da	*relaxed*
enfermo/ma	*sick*	serio/a	*serious*
enojado/da	*angry*	sorprendido/da	*surprised*
equivocado/da	*wrong*	tranquilo/la	*calm*
estresado/da	*stressed*	triste	*sad*
feliz, alegre, contento/ta	*happy*		

| feliz/alegre | triste | enamorado/da | enojado/da | aburrido/da | sorprendido/da |

El niño está triste.

El hombre y la mujer están enamorados.

El hombre está enojado.

To express that you are *a little* tired, you will use **un poco**, for example:

Estoy **un poco** cansada. *(I am a little tired.)*

To express that you are very tired, you will use **muy**, for example:

Nosotros estamos **muy** cansados. *(We are very tired.)*

List of common conditions to use with the verb estar:

abierto/ta *(open)* - cerrado/da *(closed)*   limpio/pia *(clean)* - sucio/cia *(dirty)*

ordenado/da *(organized)* – desordenado/da *(messy)*

Las manos están sucias.

Las manos están limpias.

La puerta está abierta.

La puerta está cerrada.

El escritorio está desordenado.

El escritorio está ordenado.

¡A empezar!

✏ ¿Estás?

Conjugate the verb *estar* with the following subjects:

	estar
1. tú	
2. nosotros	
3. ella	
4. vosotras	
5. ustedes	
6. yo	
7. usted	
8. ellos	

	estar
1. tú y yo	
2. Mateo	
3. los chicos	
4. la profesora	
5. Mateo y yo	
6. Mateo y ella	
7. Mateo y tú	
8. tú y tú	

✏ Concordancia

Provide the appropriate form of the adjectives. Conjugate the verb *estar* with the **1st person** (sing. and pl.)

	1. bored	2. happy	3. in love
fem. singular	Estoy aburrida.		
fem. plural	Estamos aburridas.		
masc. singular	Estoy aburrido.		
masc. plural	Estamos aburridos.		
	4. sad	5. tired	6. worried
fem. singular			
fem. plural			
masc. singular			
masc. plural			

3C ¿Cómo están?

Describe the feelings shown in these images. Remember to conjugate the verbs according to whom you are describing.

1.
Esteban

2.
Carolina

3.
la asistente administrativa

4.
Tú

5.
Nosotros

6.
Adrián, mi hijo

¡A conversar!

4C Cuando …

With a partner, use the verb *estar* and an emotion to express how people feel in these situations.

Sigue el ejemplo: Cuando cenas tacos, tú **estás feliz**.
(When you eat tacos for dinner, you are happy.)

1. En la cancha, cuando los chicos practican baloncesto, ellos …
2. Cecilia y Ana ganan la maratón, ellas …
3. Necesitáis terminar un ensayo de diez páginas para mañana, vosotras …
4. Hay un examen de español en cinco minutos, tú …
5. Cuando miro una película de horror, yo …
6. Cecilia habla, habla y habla por teléfono, ella …

5C Conversaciones

With a partner, take turns asking and answering how you feel in certain situations. Replace the situation with any of the ones provided in the list to the right.

E1:   ¡Hola!
E2:   ¡Hola!
E1:   ¿Cómo estás?
E2:   Estoy muy bien,
E1:   ¿Cómo te sientes cuando **viajas?**
E2:   Cuando **viajo**, estoy …
E1:   ¡Qué maravilloso! (How wonderful!) **or** ¡Qué pena! (How sad!)

- viajar
- descansar 3 horas
- tomar cinco cafecitos
- practicar esquí
- bailar Mambo #5
- trabajar el fin de semana
- pintar un cuadro

¡A escuchar!

6C Situaciones

Listen and select the statement that expresses how the following people feel in each situation.

1. a. Ramiro está nervioso.   b. Ramiro está cansado.
2. a. El señor Florián está contento. b. El señor Florián está preocupado.
3. a. Elías está aburrido.   b. Elías está avergonzado.
4. a. El doctor Rosario está estresado. b. El doctor Rosario está contento.
5. a. René y yo estamos tristes.   b. René y yo estamos aburridos.
6. a. Yo estoy alegre.   b. Yo estoy ocupado.

Escucha el audio en **Cognella Active Learning.**

¡A escribir!

7C La prima

You and your cousin Cristina are traveling today to the *Campeonato Sudamericano de Vóleibol Femenino Sub-20*; however, Cristina arrives late and you miss the flight. How are you feeling right now? Write an email to your best friend, Penélope, and share your feelings.

PARA: Penélope
ASUNTO: Mis emociones

Querida amiga,

Yo estoy _____ porque _____.

Yo estoy _____ porque _____.

Yo estoy _____ porque _____.

8C ✏ Mis sentimientos

Write down six sentences using these emotions or conditions.

Sigue el ejemplo: (cansado) Estoy cansado por la noche.

1. (aburrido/da) _____.

2. (enfermo/ma) _____.

3. (feliz) _____.

4. (preocupado/da) _____.

5. (relajado/da) _____.

6. (sorprendido/da) _____.

¡A leer!

9C 📖 Los poemas de José Martí (1853-1895)

José Martí es uno de los poetas más importantes de Cuba y de América Latina. Es un héroe nacional por su rol en la independencia de Cuba. Muchas de sus poesías son parte de canciones de músicos famosos, como en la canción Guantanamera. Su lenguaje directo expresa su ideología política, sus emociones y su opinión con respecto a la religión. Entre sus poemas más famosos están: *Cultivo una rosa blanca* y *Soy un hombre sincero*, que son parte de su colección de Versos Sencillos (1891).[4]

Cultivo una rosa blanca

Cultivo una rosa blanca
en junio como enero
para el amigo sincero
que me da su mano franca.

Y para el cruel que me arranca
el corazón con que vivo,
cardo ni ortiga cultivo;
cultivo una rosa blanca.

I cultivate a white rose

I cultivate a white rose
in June as in January
for the sincere friend
who gives me his hand frankly.

And for the cruel person who
tears out the heart with which I live,
I cultivate neither nettle nor thorn.
I cultivate a white rose.

Soy un hombre sincero*

Yo soy un hombre sincero
de donde crece la palma,
y antes de morirme quiero
echar mis versos del alma.

Yo vengo de todas partes,
y hacia todas partes voy:
arte soy entre las artes,
en los montes, monte soy.
(*Extracto)

I am an honest man*

A sincere man am I
from the land where the palm trees grow,
and I want before I die,
my soul's verses to bestow.

I come from everywhere
and everywhere I go:
I am art among the arts,
with the mountains I am one.

---

[4] https://www.poemas-del-alma.com/jose-marti.htm
https://www.radiorebelde.cu/english/jose-martis-ideas-in-force-at-an-international-conference-in-cuba-26012023/

Paso 1: Answer the following questions about José Martí in complete sentences:

1. ¿De dónde es José Martí? _____ .

2. ¿José Martí es un poeta o un cantante? _____ .

3. ¿Por qué José Martí es un héroe? _____ .

4. ¿Qué expresan sus versos? _____ .

5. ¿Cuáles son dos de sus poemas más famosos? _____ .

Paso 2: Select the correct answer:

1. El mensaje (*message*) del poema Cultivo una rosa blanca es:
    a. Tratar mejor (*Treat better*) al amigo sincero.   b. Tratar mejor al amigo cruel.

D Verbo estar y preposiciones de lugar

There are prepositions of place, movement, and time. We use the verb *estar* with prepositions of place (*preposiciones de lugar*) to indicate the location of one person, thing or place in relation to another.

It is important to mention that a noun following a preposition in a sentence is called the object of that preposition. For example: The book is on the table (object of preposition = table), The ball is under the chair (object of preposition = chair), The lawyer is behind the desk (object of preposition = desk).

The following is a list of the most common prepositions of place. Let's look at the different positions of the ball:

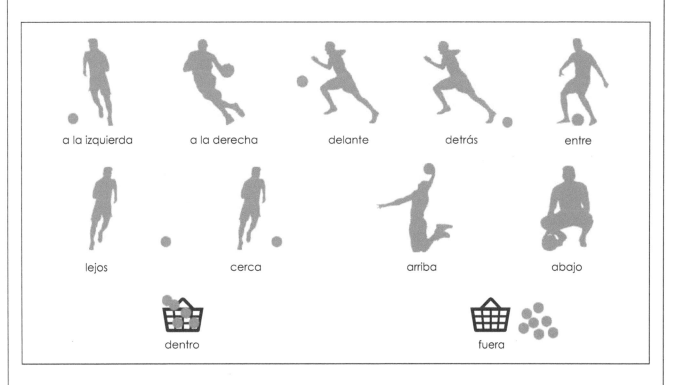

a la izquierda	a la derecha	delante	detrás	entre
lejos	cerca		arriba	abajo
dentro			fuera	

Lee algunos (some) **ejemplos**

a la derecha (de)	to the right (of)	El futbolista está **a la derecha de** la pelota.
a la izquierda (de)	to the left (of)	El jugador de baloncesto está **a la izquierda de** la pelota.
delante (de)	in front (of)	El artesano está **delante de** sus artesanías.
detrás (de)	behind	El teatro está **detrás del** hospital.
entre	between	La piscina está **entre** la cancha de tenis y la cancha de fútbol.
arriba (de)	up/above	La pelota está **arriba de** la canasta.
debajo (de)/abajo	under/down	La guitarra está **debajo de** la mesa./La pelota está **abajo**.
lejos (de)	far (from)	El hospital está **lejos de** la universidad.
cerca (de)	near	Mi casa está **cerca del** estadio.
dentro (de)/*en	in	Las manualidades están **dentro de** la canasta.
fuera (de)	outside	El teléfono celular está **fuera de** la caja (box).
encima (de)/sobre	on/over	El violín está **encima de** la mesa.
al lado (de)	next to	El economista está **al lado de** la contadora.
allí/allá	there/over there	¿Dónde está la contadora? La contadora está **allá**.

¡Ojo! While the preposition of place **"en"** (in) indicates location, the preposition of movement **"a"** (at) indicates direction.

Yo estoy **en** la biblioteca. (*I'm **in** the library.*)   Nosotros estamos **en** la arena. (*We are **on** the sand.*)
Yo camino **a** la biblioteca. (*I walk **to** the library.*)   Nosotros corremos **a** la playa. (*We run **to** the beach.*)

¡A empezar!

1D ✏️ 🖥️ **Empareja**

Match the *preposición de lugar* in Spanish with the English equivalent.

1. _____ encima   a) between
2. _____ cerca   b) far
3. _____ a la derecha   c) over
4. _____ entre   d) behind
5. _____ lejos   e) in front
6. _____ delante   f) near
7. _____ detrás   g) to the right
8. _____ en   h) there
9. _____ allí   i) under
10. _____ abajo de   j) in

2D ✏️ **Verbo estar**
Provide the present tense form of *estar*.

1. Las enfermeras _____ en el hospital.

2. La escritora_____ en la biblioteca.

3. La guitarra y el violín _____ en el estudio.

4. El artesano _____ en el mercado.

5. El equipo _____ en la cancha de fútbol.

6. Nosotros _____ en la piscina.

7. Él y ella _____ en la cancha de tenis.

8. Las canastas _____ en la mesa.

9. La mujer de negocios _____ en la oficina.

10. Yo _____ en la clase de español.

3D ✏ Verbo estar y preposición de lugar

Look at the pictures and complete the sentences with the verb *estar* and a preposition of place.

1. Los cuadros _____ _____ la pared. (*wall*)

2. El gato _____ _____ del florero. (*vase*)

3. La computadora _____ _____ del teléfono.

4. La mujer de negocios _____ _____ de la computadora.

5. El bombero _____ _____ del incendio. (*fire*)

¡A conversar!

4D **¿Dónde están?**

Work with a partner and decide which preposition to use. Then, practice the set of questions and answers with your classmate.

1. E1: ¿Dónde está la pianista?
   E2: La pianista está _____ del piano.

2. E1: ¿Dónde está la nadadora (*swimmer*)?
   E2: La nadadora está _____ de la piscina.

3. E1: ¿La doctora está en frente o detrás del escritorio?
   E2: La doctora está _____ del escritorio.

4. E1: ¿Dónde está la mujer?
   E2: La mujer está _____ de la llama.

5. E1: ¿El niño está cerca o lejos de su madre (*mother*)?
   E2: El niño está _____ de su madre.

5D El perro juguetón

Caramelo is a playful dog who loves to play with boxes (*cajas*). Look at the picture and determine where Caramelo is by using a preposition.

Sigue el ejemplo:

E1: ¿Dónde está Caramelo?
E2: Caramelo está **cerca de** la caja.

¡A escuchar!

6D Una semana ocupada

Listen to your instructor and fill in the spaces in blank with the words that are missing from the following paragraph:

Hay muchas actividades (1) _____ la universidad esta semana. Hay un partido de baloncesto (2) _____ del centro deportivo y un partido de fútbol americano (3) _____ del centro deportivo. La cancha de fútbol americano está (4) _____ la cancha de tenis y la cancha de béisbol. Mis amigas y yo miramos el partido de fútbol americano. Yo estoy (5) _____ de Beatriz y Margarita está (6) _____ de Patricia. ¡El partido está muy (7) _____!

Escucha el audio en Cognella Active Learning.

¡A escribir!

7D En el dormitorio estudiantil

Give a detailed description of the items' location. Write five sentences using at least five different prepositions. Sigue el ejemplo: La planta está arriba del reloj.

1. _____.

2. _____.

3. _____.

4. _____.

5. _____.

8D ✏ ¡Imagina!

Imagine that you are studying abroad, somewhere in Spain or Latin America, and are writing to your friends back home to describe your new university and its main buildings (e.g. library, residence hall, athletic center, dining hall, etc.). Your description should include at least five complete sentences and use prepositions of place as well as vocabulary from this lesson. You may look up a specific university abroad to write about in your answer.

Sigue el ejemplo: Me gusta mucho la universidad. Vivo cerca de un parque muy grande.

1. _____.
2. _____.
3. _____.
4. _____.
5. _____.

¡A leer!

9D 📖 ¿Dónde está La Sagrada Familia?

La Basílica de la Sagrada Familia está en Barcelona, España. Esta basílica es una obra de arte (*work of art*) y uno de los principales (*main*) símbolos de Barcelona. Este monumento arquitectónico es el más visitado de España. Más de (*more than*) tres millones de personas visitan esta iglesia (*church*) cada año (*year*). La Sagrada Familia tiene muchas torres (*towers*), esculturas y mosaicos. Esta basílica recibe muchos elogios (*praises*), pero también muchas críticas.

La Sagrada Familia fue diseñada (*was designed*) por el arquitecto modernista Antonio Gaudí (1852-1926). La obra la inicia el arquitecto Francisco de Paula del Villar y usa el estilo neogótico estándar. De Paula del Villar tiene (*has*) problemas con los promotores y abandona la obra. Gaudí toma control de esta obra y cambia el proyecto para darle su propio (*own*) estilo modernista. El diseño original de Gaudí tiene (*has*) 18 chapiteles (*spires*) para representar a los 12 apóstoles (*apostles*), los cuatro evangelistas (*evangelists*) y Jesucristo (*Jesus Christ*).

El arquitecto catalán se dedica por completo a esta obra (*work*). La obra avanza muy lentamente (*slowly*), pero según (*according to*) Gaudí, es importante que siempre (*always*) se conserve (*to preserve*) "el espíritu de la obra". Antonio Gaudí muere (*dies*) en un accidente, atropellado (*run over*) por un tranvía (*streetcar*), y no termina la Sagrada Familia. Los planos y maquetas (*mockups*) se usan para avanzar la obra, pero no se termina.

Actualmente (*at present*) se planea terminar la Sagrada Familia en 2026 para conmemorar la muerte (*death*) de Gaudí. Si el plan sale bien, la iglesia va a terminarse (*will be finished*) en 144 años.

¡Si viajas a Barcelona, necesitas visitar esta hermosa Basílica![5] Puedes ver la Sagrada Familia desde (*from*) lejos y desde afuera aunque la mejor experiencia está dentro de este edificio (*building*) artístico. Al final de tu visita a la Sagrada Familia, puedes caminar y mirar muchos negocios (*businesses*) que están cerca de esta basílica.

---

[5] https://es.wikipedia.org/wiki/Templo_Expiatorio_de_la_Sagrada_Familia

Answer the following questions with complete sentences:

1. ¿Qué es y dónde está la Basílica de la Sagrada Familia?
2. ¿Quién es el diseñador de esta basílica?
3. ¿Cuáles son las características de esta basílica?
4. ¿Por qué es importante el año 2026?
5. ¿Puedes ver la basílica de lejos?
6. ¿Qué hay cerca de la basílica?

Gramática en contexto: Identifica y subraya en el texto los verbos ser y estar, los verbos - **ar** del presente indicativo y las preposiciones de lugar.

E Los números del 60 en adelante

LOS NÚMEROS DEL 60 AL 100

Numbers 60-99 follow the same basic pattern as 31-59

60 sesenta	61 sesenta y uno	62 sesenta y dos	63 sesenta y tres	64 sesenta y cuatro	65 sesenta y cinco
66 sesenta y seis	67 sesenta y siete	68 sesenta y ocho	69 sesenta y nueve	70 setenta	71 setenta y uno
72 setenta y dos	73 setenta y tres	74 setenta y cuatro	75 setenta y cinco	76 setenta y seis	77 setenta y siete
78 setenta y ocho	79 setenta y nueve	80 ochenta	81 ochenta y uno	82 ochenta y dos	83 ochenta y tres
84 ochenta y cuatro	85 ochenta y cinco	86 ochenta y seis	87 ochenta y siete	88 ochenta y ocho	89 ochenta y nueve
90 noventa	91 noventa y uno	92 noventa y dos	93 noventa y tres	94 noventa y cuatro	95 noventa y cinco
96 noventa y seis	97 noventa y siete	98 noventa y ocho	99 noventa y nueve	100 cien	

50 + 48 = 98   (cincuenta más cuarenta y ocho son noventa y ocho)

85 – 11 = 74   (ochenta y cinco menos once son setenta y cuatro)

61 + 20 = 81   (sesenta y uno más veinte son ochenta y uno)

70 + 30 = 100 (setenta más treinta son cien)

LOS NÚMEROS DEL 101 Y MÁS

To count numbers over 100, you should use ciento instead of cien. Read the following chart:

101 ciento uno	102 ciento dos	103 ciento tres	104 ciento cuatro	105 ciento cinco
200 doscientos	300 trescientos	400 cuatrocientos	500 quinientos	600 seiscientos
700 setecientos	800 ochocientos	900 novecientos	1.000 mil	1.100 mil cien
2.000 dos mil	5.000 cinco mil	100.000 cien mil	200.000 doscientos mil	400.000 cuatrocientos mil
500.000 quinientos mil	650.000 seiscientos cincuenta mil	720.000 setecientos veinte mil	950.000 novecientos cincuenta mil	1.000.000 un millón

4.000.000 cuatro millones	6.000.000 seis millones	8.000.000 ocho millones	10.000.000 diez millones

Numbers 200 through 999 agree in gender with the nouns they modify. Remember: 1.000 is **mil**, not *un mil*.

756 ingenieras = setecientas cincuenta y seis ingenieras
224 médicos = doscientos veinticuatro médicos

540 músicos = quinientos cuarenta músicos
860 maestras = ochocientas sesenta maestras

To express a higher number, put together all of its components

8.345 dólares = ocho mil trescientos cuarenta y cinco dólares

13.432 dólares = trece mil cuatrocientos treinta y dos dólares

234.890 dólares = doscientos treinta y cuatro mil ochocientos noventa dólares

12.202.589 dólares = doce millones doscientos dos mil quinientos ochenta y nueve dólares

¡A empezar!

1E ✏ ¡Contemos!
Spell out the following numbers:

a. 539 _____

b. 148 _____

c. 334 _____

d. 1.343 _____

e. 76.853 _____

f. 14.139 _____

g. 111.676 _____

h. 14.455.544 _____

2E ✏ ¡Matemáticas!
Now is the time to show your math skills. Spell the numbers and the answers in Spanish.

Sigue el ejemplo: 39 + 17 = 56 – <u>cincuenta y seis</u>

| + más |
| - menos |
| x por |
| / dividido por |
| = son |

1) 34 x 2 = _____

2) 30 + 45 = _____

3) 90 / 3 = _____

4) 84 – 35 = _____

5) 546 + 37 = _____

6) 731 x 2 = _____

3E 👥 importantes años (years)
Spell out the year of these important events. Once you finish, you will work with a classmate and check each other's responses.

1) 1492 (Llegada de Cristóbal Colón a las Américas)	4) 1776 (Independencia de los Estados Unidos)
2) 1810 (Independencia de México)	5) 1939 (Fin de la Guerra Civil Española)
3) 1969 (Llegada del hombre a la luna [moon])	6) _____ (tu año de nacimiento [birth])

¡A conversar!

4E 👥 ¡Adivina!
With your partner, look at the pictures and then ask him or her to guess the number of items in them.
Sigue el ejemplo: E1: ¿Adivinas cuántos lápices hay?
E2: Creo que (I think) hay ___ lápices.

¿Adivinas cuántas pelotas hay?

¿Adivinas cuántos lápices hay?

¿Adivina cuántos cuadros hay?

¿Adivina cuántas sillas hay?

5E 👥 **Practiquemos los números: la producción de café por año** (per year)

Coffee is one of the leading agricultural products in Latin America and the Caribbean.

Look at the following chart, and with a partner, ask the following question:

E1: ¿Cuál es la producción de café de Costa Rica?
E2: La producción de café de Costa Rica es 89.520 toneladas.

País	Toneladas[6] de café (por año)
Brasil	2.592.000
Colombia	1.650.000
Honduras	348.000
México	234.000
Guatemala	204.000
Perú	192.000
Nicaragua	132.000
Costa Rica	89.520

¡A escuchar!

6E 🎧📖 **¿Qué número escuchas?**
Listen to your instructor and mark the numbers you identify on the chart below.

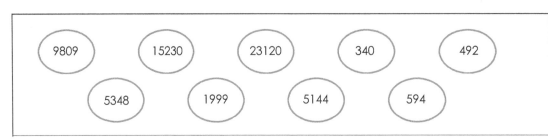

9809   15230   23120   340   492

5348   1999   5144   594

Escucha el audio en *Cognella Active Learning*.

---

6 https://es.wikipedia.org/wiki/Anexo:Pa%C3%ADses_por_producci%C3%B3n_de_caf%C3%A9

¡A escribir!

✏ En el mercado

Imagine you are visiting Cuzco and you buy *artesanías* for your store. After shopping, you write in your notebook the *artesanías* you bought and how much you paid for each one (*cada uno* o *cada una*).[7]

El mercado de Pisac, Cuzco (Perú)

El mercado de Pisac está en Cuzco, Perú. Allá van (*go*) los artesanos del Cuzco para vender (*sell*) su artesanía. La artesanía del Cuzco es muy popular entre los turistas. Los turistas caminan por el mercado de Pisac para comprar recuerdos (*souvenirs*). Para visitar el mercado de Pisac, puedes (*can*) tomar un autobús en el centro del Cuzco (*downtown*) y pagar 7 soles, o puedes tomar un taxi y pagar entre 50 y 80 soles.

25 mantas (*blankets*)
65 dólares (*cada una*)

85 pulseras (*bracelets*)
10 dólares (*cada una*)

20 canastas (*baskets*)
28 dólares (*cada una*)

18 retablos peruanos
145 dólares (*cada uno*)

Sigue el ejemplo: Yo compro 40 mantas para mi madre y pago 2.600 dólares.

1. _____.

2. _____.

3. _____.

4. _____.

[7] https://www.boletomachupicchu.com/planeando-excursion-pisac/

8E ✎ **La lotería**

Imagine that you buy the lottery ticket number 49 98 65 34 and you win $10.000.000. How do you use the money? Write six complete sentences. Use the verbs below.

Sigue el ejemplo: Yo dono $ 250.000 a la escuela secundaria (high school) de mi comunidad.

ahorrar   comprar   donar   regalar   participar   gastar

1. _____.

2. _____.

3. _____.

4. _____.

5. _____.

6. _____.

¡A leer!

9E 📖 **El quipu**

Actualmente (At present) nosotros usamos los números cardinales (1, 2, 3, 4) y los números romanos (I, II, III, IV) en el sistema contable (accounting system). Sin embargo (however), las civilizaciones antiguas (ancient civilizations) crearon (created) sistemas de contabilidad muy distintos a los que conocemos (we know). Las antiguas culturas andinas usaban (used) el quipu como un sistema de registro numérico de información. Este sistema no requería (did not require) de escritura (writing). Tiempo después, los Incas lo perfeccionaron. Pero (but), ¿qué es el quipu? El quipu es un sistema de nudillos (knots) que sirve para contar (count). La palabra quipu es quechua (Andean language) y significa (means) nudo (knot). Había (there were) quipus de algodón (cotton) o de lana (wool) de llama o alpaca. Los quipus tenían (had) diversos colores y los colores eran códigos (codes). [8]

Un indígena con el quipu

Answer the following questions in complete sentences:

1. ¿Qué es el quipu?

2. ¿Para qué sirve el quipu?

3. ¿Quiénes usaron el quipu?

4. ¿Cuál es la diferencia entre el sistema de números cardinales y el sistema quipu?

5. Investiga (research) otros tipos de sistemas contables (por ejemplo, el ábaco).

---

[8] https://getquipu.com/es/que-es-un-quipu

Perspectiva cultural

Un partido de ullamaliztli con jugadores aztecas

Los deportes autóctonos

En el mundo (*world*) de los aztecas se podían encontrar (*you could find*) varios tipos de profesiones. Encontramos granjeros (*farmers*), pescadores (*fishermen*), cazadores (*hunters*), soldados (*soldiers*), doctores, artesanos y jugadores de pelota, entre otros (*among others*).

Cuando los aztecas construían (*built*) una nueva ciudad, ellos construían dos cosas primero: un templo para el dios (*god*) Huitzilopochtli, y la otra era una cancha para jugar a la pelota al lado del templo.

El juego azteca era conocido como (*was known as*) ullamaliztli. La pelota que usaban (*used*) pesaba (*weighed*) unas 9 libras (*pounds*).

Los **jugadores** eran muy respetados y muchos eran atletas profesionales. Ellos practicaban mucho todos los días. La práctica consistía en pasar la pelota de hule (*rubber*) por un anillo (*ring*), un tipo de canasta.

A los aztecas les gustaban mucho los deportes, y el juego de la pelota era uno de los más populares. Los jugadores eran súper famosos y tratados como (*treated as*) súper estrellas (*stars*).

El propósito del juego era acumular puntos (*points*).

¿Cómo se jugaba (*was played*) **el juego**?

1. Había (*there was*) una **cancha** muy grande en forma de H.
2. Los espectadores se sentaban en las graderías (*seating benches*) alrededor (*around*) de la cancha.
3. La pelota no podía (*could not*) tocar el piso (*the ground*).
4. Para anotar los puntos:
    a. Unos puntos se acumulaban al pasar la pelota por la línea media, hacia la cancha del equipo oponente.
    b. Los puntos principales, sin embargo, se recibían (*were scored*) cuando se pasaba la pelota por los dos anillos, algo muy difícil de conseguir (*obtain*).
5. La pelota solo se podía tocar (*could only be touched*) con los codos (*elbows*), caderas (*hips*) y piernas (*legs*).
6. Ganaba el equipo que anotaba ocho puntos primero (*first*).

Este deporte fue (*was*) muy popular y hay muchas canchas en diferentes lugares desde Honduras hasta la parte sureste de Arizona.

Hoy en día, todavía (*still*) se juega un partido similar conocido como *ulama*. Muchos de los jugadores son niños (*children*).[9]

[9] Agrinier, Pierre 1983 The Terminal Classic ballgame in the valley of El Rosario, Chiapas. Unpublished paper.Google Scholar
Blom, F. 1932 *The Maya Ball-Game "Pok-Ta-Pok" (Called "tlachtli" by the Aztecs)*. Publication 4, pp. 485–530. Middle American Research Series, Tulane University, New Orleans.Google Scholar

1 ✎ Los aztecas

Paso 1: Complete the following sentences with the missing information:

1. Los aztecas podían ser (*could be*) soldados, granjeros, _____ o _____.

2. Ellos construían (*built*) _____ y _____ cuando construían una nueva ciudad.

3. El juego azteca se llama _____.

4. La cancha era muy _____ y en forma de _____.

Paso 2: Answer these questions with complete sentences:

1. ¿Por qué eran (*were*) importantes los jugadores? _____.

2. ¿Cuántos puntos necesitaban anotar para ganar un partido? _____.

3. ¿Dónde estaba la cancha en la ciudad?_____.

4. ¿Cuáles son tres reglas del juego? _____.

Para aprender más sobre el deporte autóctono, mira el video *Ancient Ball Game: Indigenous game Ulama is being practiced again*

https://www.youtube.com/watch?v=Jp0709-CnkY

¡A pronunciar!

Spanish stress rules and accent marks

Accents are also known as "tildes" in Spanish. They are marked with (´) on both upper case and lower case vowels: Á, É, Í, Ó, Ú, á, é, í, ó, ú. Accents indicate which syllable is stressed in a word. In English, this is primarily done through context; for example: *I am content with this class because I like the content*. However, in Spanish, stress follows strict guidelines, and if a word breaks those guidelines, an accent must be used. The following rules will help you decide when to use accents:

Rules

1. Words with stress on the last syllable need a written accent when they end with a vowel or the letters n or s.

     ca-**fé**   ma-**má**   au-to-**bús**   na-ta-**ción**   es-pa-**ñol**

---

http://www.aztec-history.com/aztec-ball-game.html

2. Words with stress on the second to the last syllable need a written accent when they don't end with a vowel or the letters n or s.

fút-bol   **ál**-bum   a-tle-**tis**-mo   pis-**ci**-na   e-**qui**-po

3. Words with stress on the third to the last syllable always need a written accent.

te-**lé**-fo-no   **vó**-lei-bol   **clí**-ni-ca   pe-**lí**-cu-la   **mé**-di-co

4. One-syllable words never need a written accent, except when we need to distinguish them from other identically-spelled words with different meanings.

tú (you)/tu (your)   **sí** (yes)/si (if)   mi (my)/**mí** (to me)   el (the)/**él** (he)

5. Interrogative words always need a written accent when used as questions.

¿**có**-mo? (how?)   ¿**dón**-de? (where?)   ¿**cuán**-to? (how much?)   ¿**qué**? (what?)

6. Diphthongs are formed by a weak and strong vowel. They count as one syllable.

Strong: a, e, o   Weak: i, u

can-**ción**   ne-go-**cios**   pe-**rio**-dis-ta   ma-**nua**-li-da-des

➤   However, if the accent is on the weak vowel, it always needs a written accent, and the syllable breaks in two.

ar-te-sa-**ní**-as   po-li-**cí**-a   ca-fe-te-**rí**-a   **mí**-a (mine)

---

1   ✎ **¡Ahora te toca a ti!**
Read the words. The bold syllable is the syllable that is stressed. Decide whether that word needs a written accent, add if necessary, and then divide the words into syllables:

1.   i**den**tico _____
2.   **lam**para _____
3.   **tro**pico _____
4.   mate**ma**ticas _____
5.   liber**tad** _____

6. oc**e**ano _____
7. **frio** _____
8. a**dios** _____
9. so**fa** _____
10. no**ti**cia _____

En esta lección aprendiste...

Los deportes	Sports
el atletismo	track and field
el básquetbol/el baloncesto	basketball
el béisbol	baseball
correr	running
correr en la pista	run track
el fútbol	soccer

Los verbos	Verbs
bailar	to dance
buscar	to look for
caminar	to walk
cantar	to sing
cazar	to hunt
cenar	to have dinner

Los deportes	Sports
el fútbol americano	American football
el golf	golf
lacrosse	lacrosse
la natación	swimming
el tenis	tennis
trotar	jogging
el softball	softball
el vóleibol	volleyball

Profesiones y oficios	Professions and trades
el abogado/la abogada	lawyer
el actor/la actriz	actor/actress
el arquitecto/la arquitecta	architect
el artesano/la artesana	artisan
el/la artista	artist
el bombero/la bombera	fireman/firewoman
el cantante/la cantante	singer
el contador/la contadora	accountant
el consejero/la consejera	advisor
el costurero/la costurera	tailor/dressmaker
el/la deportista	athlete
el doctor/la doctora	doctor
el/la economista	economist
el/la electricista	electrician
el enfermero/la enfermera	nurse
el escritor/la escritora	writer
el hombre de negocios	businessman
el ingeniero/la ingeniera	engineer
el logopeda/la logopeda	speech pathologist
el maestro/la maestra	school teacher
el mecánico/la mecánica	mechanic
el médico/la médica	doctor
la mujer de negocios	businesswoman
el músico/la música	musician
el/la periodista	journalist
el/la policía	policeman/policewoman
el presidente/la presidenta	president
el profesor/la profesora	professor
el programador/la programadora	computer programmer
el psicólogo/la psicóloga	psychologist
el secretario/la secretaria	secretary
el terapeuta físico/la terapeuta física	physical therapist

Emociones y condiciones	Emotions and conditions
abierto/ta	open
aburrido/da	bored
avergonzado/da	embarrassed
cansado/da	tired
cerrado/da	closed
confiado/da	confident
confundido/da	confused
desordenado/da	messy

Los verbos	Verbs
comprar	to buy
contestar	to answer
conversar	to talk, to converse
desayunar	to have breakfast
descansar	to rest
dibujar	to draw
enseñar	to teach
escuchar	to listen
estudiar	to study
explicar	to explain
ganar	to win
llegar	to arrive
llevar	to carry
mirar	to look
nadar	to swim
necesitar	to need
participar	to participate
practicar	to practice
preguntar	to ask
preparar	to prepare
sacar (un número)	to get (a number)
terminar	to finish
tomar	to take, to drink
trabajar	to work
trotar	to jog
viajar	to travel

Expresiones	Expressions
¿Cuál es tu profesión?	What is your profession?
Jugar una mejenga/un partidito	To play a pickup game of soccer

Los sustantivos – lugares	Nouns - places
la cancha de fútbol	soccer field
la cancha de tenis	tennis court
la clínica	clinic
el estadio	stadium
el hospital	hospital
el teatro	theater

Los sustantivos - objetos	Nouns – objects
las artesanías	crafts
la bola/la pelota	ball
el cuadro (de pintura)	paintings
el diseño	design
el equipo	team
la guitarra	guitar
el guante	glove
la lotería	lottery
el/la maratón	marathon
la matrícula	tuition
las manualidades	arts and crafts
el partido	game
el piano	piano
la piscina	swimming pool
la raqueta	racket
el saxofón	saxophone

Emociones y condiciones	Emotions and conditions
enamorado/da	in love (with)
enfermo/ma	sick
enojado/da	angry
equivocado/da	wrong
estresado/da	stressed
feliz, alegre, contento/ta	happy
limpio/a	clean
malhumorado/da	in a bad mood
molesto/ta	mad
nervioso/sa	nervous
ocupado/da	busy
ordenado/da	organized
preocupado/da	worried
relajado/da	relaxed
serio/ria	serious
sorprendido/da	surprised
sucio/cia	dirty
tranquilo/la	calm
triste	sad

Los sustantivos - objetos	Nouns – objects
el tiquete/el boleto	ticket
la trompeta	trumpet
el violín	violin

Las preposiciones	Prepositions
abajo/debajo	down/under
a la derecha	to the right
a la izquierda	to the left
al lado de	next to
allí/allá	there, over there
arriba	up
cerca	near
delante	in front
dentro	in
detrás	behind
en	in
encima de (sobre)	on, over, on top (of)
entre	between
fuera	outside
lejos	far

Notas

LECCIÓN TRES
LAZOS FAMILIARES

By the end of this lesson, you will learn ...
- to talk about family and family members in Spanish
- to use possessive adjectives
- to use descriptive adjectives
- to use present indicative of *-er* and *-ir* regular verbs
- to use present indicative of *tener* and *venir*
- to use present indicative irregular verbs

"Familia: como las ramas de un árbol, crecemos en direcciones diferentes. Pero nuestras raíces siguen siendo las mismas."

¿Qué es la familia?
¿Hay diferencias entre la familia hispana y la familia estadounidense?
¿Qué tradiciones existen en tu familia?

VOCABULARIO

- La familia
- Los miembros de la familia

ESTRUCTURAS GRAMATICALES

- Gramática 3A: Adjetivos descriptivos
- Gramática 3B: Presente indicativo de los verbos -er/-ir
- Gramática 3C: Adjetivos posesivos
- Gramática 3D: Presente indicativo de **tener**, **venir**, **hacer**, **salir**, **oír** y **traer**
- Gramática 3E: Expresiones con **tener**

LECTURAS

- Los apellidos hispanos
- Diminutivos
- El bosque lluvioso
- Las familias latinas
- La sopa de mi abuela
- Los tiempos cambian y las familias también

PERSPECTIVA CULTURAL
- La Familia Real de España

PRONUNCIACIÓN Y ORTOGRAFÍA
- El uso de las mayúsculas y minúsculas

03

LA FAMILIA

"Family: like branches on a tree we grow in different directions yet our roots remain as one." –

Lazos familiares

La familia nuclear

la madre	*mother*
el padre	*father*
la madrastra	*stepmother*
el padrastro	*stepfather*
la esposa (la mujer)	*wife*
el esposo (el marido)	*husband*
la hija	*daughter*
el hijo	*son*
el hijo/la hija mayor	*older son/daughter*
el hijo/la hija menor	*younger son/daughter*
la hijastra	*stepdaughter*
el hijastro	*stepson*
la hija única	*only daughter/child*
el hijo único	*only son/child*
la hija adoptada	*adopted daughter*
el hijo adoptado	*adopted son*
los gemelos/las gemelas	*(identical) twins*
los mellizas/las mellizos	*(fraternal) twins*
la hermana	*sister*
el hermano	*brother*
la hermanastra	*stepsister*
el hermanastro	*stepbrother*
la media hermana	*half sister*
el medio hermano	*half brother*
la madre soltera	*single mother*
el padre soltero	*single father*

Las relaciones personales

el árbol genealógico	*family tree*
el compromiso	*engagement*
el matrimonio	*marriage*
el matrimonio igualitario	*same-sex marriage*
la convivencia en pareja	*domestic partner*
la novia	*girlfriend/fianceé*
el novio	*boyfriend/fiancé*
el amante, la amante	*lover*

La familia

La familia nuclear

El estado civil

casado/da	*married*
divorciado/da	*divorced*
soltero/ra	*single*
viudo/da	*widow, widower*

Los hermanos mellizos

Los parientes

la tía	*aunt*
el tío	*uncle*
la sobrina	*niece*
el sobrino	*nephew*
la prima	*cousin*
el primo	*cousin*
la cuñada	*sister-in-law*
el cuñado	*brother-in-law*
la nuera	*daughter-in-law*
el yerno	*son-in-law*
la suegra	*mother-in-law*
el suegro	*father-in-law*
la madrina	*godmother*
el padrino	*godfather*
la ahijada	*goddaughter*
el ahijado	*godson*

Las generaciones

la tatarabuela	*great-great-grandmother*	el tatarabuelo	*great-great-grandfather*
la bisabuela	*great-grandmother*	el bisabuelo	*great-grandfather*
la abuela	*grandmother*	el abuelo	*grandfather*
la madre	*mother*	el padre	*father*
la nieta	*granddaughter*	el nieto	*grandson*
la bisnieta	*great-grandaughter*	el bisnieto	*great-grandson*

"Olaf"

Mascotas

 hámster (*hamster*)   gato (*cat*)

 perro (*dog*)   pájaro (*bird*)

Practica las palabras útiles y de referencia en *Cognella Active Learning*.

¡A empezar!

1 ✏️ 🖥️ Cámbialos

Change the family members from singular to plural and from plural to singular.
Sigue el ejemplo: la hija ⟶ las hijas

1. el padre _____
2. el hijo _____
3. las abuelas _____
4. los tíos _____
5. la cuñada _____

6. la madre _____
7. la prima _____
8. los bisabuelos _____
9. las sobrinas _____
10. el yerno _____

2 ✏️ Femenino y masculino

Write the male or female version of the following family members.
Sigue el ejemplo: la mamá ⟶ el papá

1. el padre _____
2. el hijo _____
3. las abuelas _____
4. los tíos _____
5. la cuñada _____

6. la madrastra _____
7. la prima _____
8. los bisabuelos _____
9. las sobrinas _____
10. el yerno _____

3 ✏️ Identifica

Look at the family tree of the Castillo Ruiz. Substitute the relationship with the name of the family member.

La familia Castillo Ruiz

MARCO
el abuelo

VICTORIA
la abuela

MIGUEL
el esposo

CARMEN
la madre

DAVID
el padre

ROSITA
la esposa

TERESA
la madre soltera

ALEJANDRO
el hijo

LUCECITA
la hija

ÚRSULA
la hija única

JOSÉ
el hijo gemelo

JUAN
el hijo gemelo

1. la abuela
2. el esposo de Carmen
3. la madre soltera
4. la hija de Miguel y Carmen
5. los gemelos de Teresa

6. los hijos de Marco y Victoria
7. la esposa de David
8. el hijo de Miguel y Carmen
9. la hija única de David y Rosita
10. los nietos de Marco y Victoria

¡A conversar!

4   A conocernos

Paso 1: Ask your partner about their family. Take notes of their responses.

1. ¿Cuántas personas hay en tu familia? _____

2. ¿Tienes (Do you have) abuelos, bisabuelos o tatarabuelos? _____

3. ¿Cómo se llaman *tus padres* (tu mamá y tu papá)? _____

4. ¿De dónde son tus padres? _____

5. ¿Tienes hermanos? ¿Eres el hermano o la hermana mayor (older) o menor (younger)? _____

6. ¿Tienes mascotas: perros, gatos, hámsteres? ¿Cuántos tienes? _____

Paso 2: Now, report your partner's answers:

Sigue el ejemplo: Él es mi compañero Julián. Hay 5 personas en su familia. Él tiene dos abuelos y un bisabuelo. Él no tiene tatarabuelos. Su (his) padre se llama Juan Carlos y su madre se llama Rosario. Su padre es de Guatemala y su madre es de los Estados Unidos. Él tiene 3 hermanos. Julián es el hermano mayor y Constanza es la hermana menor. Julián tiene 2 mascotas: un perro y un pájaro.

5   ¿Cuál es la profesión?

Ask your partner about the professions or occupations of his o her family members.
Sigue el ejemplo: ¿Cuál es la profesión de tu mamá? Ella es ingeniera.

1. tu papá
4. tu abuelo/tu abuela

2. tu hermano/tu hermana
5. tu tío favorito/tu tía favorita

3. tu primo/tu prima
6. tu primo mayor/tu prima mayor

¡A escuchar!

6   Las preferencias

Listen to your instructor telling you about the preferences of the Castillo Ruiz family. Write in the blanks the activities they do in their free time. Read the options to your partner to verify the answers.

| caminar | tomar | dibujar | viajar | desayunar | trabajar |

1. A mi abuela le gusta _____ en las mañanas.
2. A mi hermano mayor _____ gusta _____ al Caribe en el verano (summer).
3. A mi tío _____ _____ _____ en el parque La Reserva.
4. A mi primo _____ _____ _____ un cafecito a las 5:30 de la tarde.
5. A los hermanos gemelos _____ _____ _____ animales en los cuadernos.
6. A mi yerno _____ _____ _____ panqueques los domingos.

Escucha el audio en Cognella Active Learning.

¡A escribir!

7 ✏ Mi familia

First, read the paragraph about the Castillo Ruiz family. Then, write a similar paragraph about your family. Include age, origin, profession, or occupation and preferences for each member of your family.

Les presento a mi familia. Mis padres se llaman Miguel y Carmen. Mi papá tiene 54 años. Él es de los Estados Unidos. Es profesor de inglés. A él le gusta practicar baloncesto con sus amigos. Mi mamá tiene 51 años. Ella es de Perú. Es ama de casa. A ella le gusta practicar Zumba en el gimnasio.

Mi hermano mayor se llama Alejandro. Él tiene 15 años. Es un estudiante de la escuela secundaria. Él es de los Estados Unidos. A Alejandro le gustan mucho los videojuegos y también practica el atletismo con sus compañeros de clase.

¿Y yo? Yo me llamo Lucecita. Tengo 9 años. Yo soy norteamericana. Soy estudiante de la escuela primaria. Me gusta mucho montar a caballo. ¡Es mi deporte favorito! Yo no tengo mascotas, pero mi prima Úrsula tiene un perro y una gallina (hen).

Y, ¿cómo es tu familia?

8 ✏ Opciones, opciones

Write about the things your family likes to do for fun. Choose one of the options given below:

Opción 1: ¿Qué hacen tu familia y tú para celebrar el Año Nuevo?
    Start with: Para celebrar el Año Nuevo, mi familia y yo bailamos toda la noche.

Opción 2: ¿Cuál es la actividad favorita de tu familia (un deporte o un pasatiempo) en la primavera?
    Start with: En la primavera, a mi familia le gusta practicar ...

Opción 3: ¿Cómo se siente (emociones) tu familia cuando terminan las vacaciones? Escribe sobre cada miembro de tu familia.
    Start with: Cuando terminan las vacaciones, mi padre está triste ...

¡A leer!

9 📖 Los apellidos hispanos

Una costumbre en el mundo hispano es la de llevar dos apellidos (*last names*) como parte de nuestra identidad (*identity*). El primer apellido es el paterno y, el segundo, es el materno.

Por ejemplo: Carlos **Zamora** Pinedo se casa (*marries*) con Julia **Portales** Zorrilla y tienen (*have*) dos hijos: Roberto y Nuria. Los apellidos de Roberto y Nuria serán Zamora Portales.

Por otro lado, las mujeres no pierden ninguno de sus apellidos al casarse; por el contrario, tienen la opción de agregar el apellido paterno del esposo con la preposición "de", aunque (*although*) esta costumbre está cambiando (*changing*) con el tiempo. Mira el siguiente ejemplo: Carlos Zamora Pinedo se casa con Julia Portales Zorrilla. Ahora Julia se llama: Julia Portales Zorrilla o Julia Portales Zorrilla de Zamora.

Situación 1
Alejandro **Alvarado** Iglesias se casa con María **Castro** Fernández.
a. ¿Cómo se llamará María después de casarse?
b. María y Alejandro tienen un hijo: Felipe. ¿Cuáles son sus apellidos?

Situación 2
María **González** Iturriaga es una estudiante de la Universidad Peruana Cayetano Heredia. Ella estudia medicina. María conoce a (*meets*) José **Tapia** Angulo y se casan (*get married*) y tienen 2 hijos: José y Fernanda.
a. ¿Cuáles son los apellidos de María después de casarse?
b. ¿Cuáles son los apellidos de José y Fernanda?

Gramática 3

A Adjetivos descriptivos

Adjectives are words used to modify a noun. In other words, descriptive adjectives tell us a characteristic or a quality of the noun. For example, *la chica* vs *la chica* **alta**: The adjective "**alta**" modifies the noun, so the girl is not just a girl, but more specifically, the **tall** girl.

Descriptive adjectives are normally used with the verb *ser*: *La chica es* **alta** (*The girl is tall*).

Descriptive adjectives are used to describe personality or physical characteristics. They usually follow the noun: *el estudiante* **trabajador** (*the hardworking student*), *la amiga* **habladora** (*the talkative friend*).

In this lesson, we are going to study two types of adjectives:

1. Adjectives that agree in number and gender with the noun
2. Adjectives that agree only in number with the noun

Adjectives that agree in **number** and **gender** follow these rules:

Adjetivos masculinos	**Adjetivos femeninos**
Adjectives that end in:	Adjectives that end in:
-o guap**o** (*handsome, masc.*)	**-a** guap**a** (*beautiful, fem.*)
-or trabajad**or** (*hard-working, masc.*)	**-ora** trabajad**ora** (*hard-working, fem.*)
-és ingl**és** (*English, masc.*)	**-esa** ingl**esa** (*English, fem.*)
-ón mand**ón** (*bossy, masc.*)	**-ona** mand**ona** (*bossy, fem.*)

Adjectives that agree only in **number** with the noun follow these rules:

End in **-e**	inteligent**e**, interesant**e**
End in **-l**	libera**l**, especia**l**
End in **-ista**	optim**ista**, ego**ísta** (*selfish*)
End in **-s/-z/-n/-r**	gri**s**, feli**z**, jove**n**, regula**r**

¡Ojo!
The adjective "*español*" changes to "*española*" when talking about a singular femenine person.; "*españoles*" to refer to masculine plural or to a group that include both female and male people, and "*españolas*" when talking about a group of women.

Follow these rules to change the singular adjectives to plural:

For masculine adjectives:

If ending in a vowel, add -s: *extrovertid**o*** ⟶ *extrovertid**os***

If ending in a consonant, add -es: *trabajad**or*** ⟶ *trabajador**es**, mand**ón*** ⟶ *mandon**es***

For feminine adjectives:

If ending in a vowel, add **-s**: *guap**a*** ⟶ *guap**as***

If ending in -ra add **-s**: *trabajad**ora*** ⟶ *trabajad**oras***

For adjectives that agree only in number, follow these rules:

If ending in a **consonant**, add **-es**: *jove**n*** ⟶ *jóven**es**, libera**l*** ⟶ *liberal**es***

If ending in **-ista**: add **-s**: – *pesim**ista*** ⟶ *pesim**istas**, ego**ísta*** ⟶ *ego**ístas***

For adjectives that end in -z:

Change the -z to -c and then add -es: *feli**z*** ⟶ *feli**ces***

Adjectives that can go before or after nouns:

Change the adjective "***grande***" to "***gran***" if it goes before the noun.

*Marisa es una **gran** amiga mía.* (Marisa is a **great** friend.)

*Buenos Aires es una ciudad **grande**.* (Buenos Aires is a **big** city.)

Note how if the adjective goes before the noun, the meaning also changes: "*grande*" means **big,** but "*gran*" means **great**. The adjective "*dulce*" means good/nice before the noun and "sweet" after the noun:

*Marisa es una **dulce** amiga.* (Marisa is a **nice** friend.)

*Marisa es una chica **dulce**.* (Marisa is a **sweet** girl.)

Normally, when these types of adjectives are placed before the noun, the speaker expresses how they feel about the person/object/place being described.

Lista de adjetivos

Adjetivos para describir personalidad

aburrido/da (*boring*)	interesante (*bad*)
bueno/na (*good*)	malo/la (*bad*)
dependiente (*dependent*)	independiente (*independent*)
emprendedor/ra (*enterprising*)	tímido/da (*shy*)
extrovertido/da (*extroverted*)	introvertido/da (*introverted*)
generoso/sa (*generous*)	tacaño/ña (*stingy*)
hablador/ra (*talkative*)	callado/da (*quiet*)
listo/ta (*smart*)	tonto/ta/charlatán/charlatana (*silly, chatty*)
mandón/na (*bossy*)	dócil (*obedient*)
optimista (*optimistic*)	pesimista (*pessimistic*)
paciente (*patient*)	impaciente (*impatient*)
peleón/na (*feisty*)	tolerante (*tolerant*)
simpático/ca (*nice, pleasant*)	antipático/ca (*unpleasant*)
trabajador/ra (*hardworking*)	perezoso/sa (*lazy*)
tradicional (*traditional*)	moderno/na (*modern*)

Adjetivos para describir características físicas

alto/ta (*tall*)	bajo/ja (*short*)
bonito/ta (*beautiful/cute*)	feo/a (*ugly*)
fuerte (*strong*)	débil (*weak*)
gordo/da (*fat*)	delgado/da (*thin*)
guapo/pa (*good-looking*)	feo/a (*ugly*)
joven (*young*)	viejo/ja (*old*)
castaño/ña (*brunette*)	rubio/a (*blond*)
pelirrojo/ ja (*red hair*)	

Para describir los ojos: **Tiene los...**

ojos azules

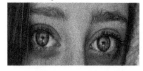

ojos verdes

ojos café

ojos negros

Para describir cortes y estilos de pelo: **Tiene el...**

Es...

pelo rizado
(*curly*)

pelo liso
(*straight*)

pelo ondulado
(*wavy*)

calvo/va
(*bald*)

Para describir el color del pelo:

pelo negro
(*black hair*)

pelo rubio
(*blonde*)

pelo castaño
(*brunette*)

pelo canoso
(*gray hair*)

pelo blanco
(*white hair*)

Adjetivos para describir cosas o lugares:

bueno/na (*good*)	malo/la (*bad*)
caro/ra (*expensive*)	barato/ta (*cheap*)
excelente (*excellent*)	regular (*regular*)
interesante (*interesting*)	aburrido/da (*boring*)
largo/ga (*long*)	corto/ta (*short*)
nuevo/va (*new*)	viejo/ja (*old*)
pequeño/ña (*small*)	grande (*big*)

Adjetivos de nacionalidad:

costarricense (*Costa Rican*)	canadiense (*Canadian*)
estadounidense (*US American*)	español/la (*Spanish*)
puertorriqueño/ña (*Puerto Rican*)	peruano/na (*Peruvian*)
mexicano/na (*Mexican*)	alemán/na (*German*)

¡A empezar!

1A ✏️ **¿Femenino o masculino?**
Finish completing the table by writing the missing words. Remember agreement!

masculino	femenino	plural masculino	plural femenino
listo			
		callados	
	vieja		
gordo			
			alegres
		peruanos	

2A ✏ ¡Juguemos!

Read each description. Then, write the answer next to the description. Finally, find the word in the word search and circle it.

V	C	N	A	S	P	T	D	F	P	O	J	E	I	V
E	T	E	D	E	T	E	C	T	I	V	E	V	S	S
N	C	I	N	Á	H	C	S	M	L	P	L	F	D	I
G	M	B	I	H	T	C	S	I	O	W	M	E	Ó	T
I	F	U	E	R	T	E	A	E	M	N	V	H	C	N
B	A	I	C	I	S	U	M	Y	E	I	S	O	I	E
A	S	L	C	N	A	D	I	V	H	C	S	R	L	D
R	C	A	O	C	L	O	R	R	L	R	W	T	E	R
A	I	R	P	D	E	U	T	H	R	R	A	Z	A	A
T	E	G	T	I	M	C	H	I	M	B	T	R	E	P
O	N	O	S	E	A	L	C	R	I	N	E	V	O	J
Z	T	A	E	L	N	E	P	A	C	Z	E	N	H	V
Y	Í	M	V	C	A	H	A	F	R	O	D	L	T	R
T	S	O	V	E	T	A	R	I	Ó	A	R	T	A	N
A	T	C	O	S	T	A	R	R	I	C	E	N	S	E

1. lo opuesto a optimista: _____

2. un niño de 4 años es: _____

3. lo opuesto a corto: _____

4. una persona que no es mandona, es_____

5. un hombre de Costa Rica: _____

6. una mujer de Alemania: _____

7. algo que no es caro, es: _____

8. una persona sin (without) pelo: _____

9. una persona que no es débil, es: _____

10. un carro de 1922 es: _____

3A ✏️ 🖥️ **De colores**

¿De qué color es...? ¿De qué colores son ...? Read the sentences and complete the phrases using colors. Do not forget agreement.

1. El Océano Atlántico y el Océano Pacífico son _____.

2. Muchos de los chocolates de Hershey son _____.

3. Un café sin leche (*without milk*) es _____.

4. Los dólares ($) son _____.

5. Los ratones (*mice*) son _____ y los unicornios son _____.

¡A conversar!

4A 👥 **Mi comunidad**

With a partner, describe the people in the picture. Mention as many adjectives as you can per person.

Sigue el ejemplo: Luis es un ingeniero. Él es muy simpático y trabajador. Él es moreno (*dark-skinned*) y tiene (*has*) los ojos y el pelo negro.

5A ⚡ Chismeando (gossiping)

Paso 1: Walk around the classroom and ask your classmates if they have a friend that matches the descriptions on the left column. Write down the name of your classmate and the name of the friend/s they are describing.

¿Conoces a una persona ...?	nombre del amigo/a de tu compañero/ra	nombre de tu compañero/ra
trabajadora		
emprendedora		
habladora		
optimista		
mandona		
tonta		
fuerte		
pesimista		
activa		
extrovertida		

Paso 2: Sit down with a new partner and spill the tea! Tell your partner all the gossip you learned from your classmates.

Ejemplo: E1: ¿Sabes que "Juan", el amigo de "Roberto", es muy hablador?

E2: Bueno, yo sé (know) que "Juan", el amigo de Roberto, es fuerte y alto.

¡A escuchar!

6A 🎧 💻 Tu personalidad

Paso 1: Listen to the list of words the instructor is saying.

Paso 2: Then, circle the letter corresponding to the adjective that you identify with the most.

1. a. extrovertido/da   b. introvertido/da
2. a. moderno/na   b. tradicional
3. a. joven   b. viejo/ja
4. a. optimista   b. pesimista
5. a. peleón/na   b. mandón/na
6. a. fuerte   b. débil

Paso 3: Let's do some math: look at the list of adjectives and the number next to each other. Add the numbers of the adjectives you selected in section A.

extrovertido/da (3)   moderno/na (2)   débil (1)   mandón/na (1)   joven (3)   pesimista (2)

viejo/ja (2)   optimista (3)   tradicional (2)   peleón/na (2)   fuerte (3)   introvertido/da (2)

Escucha el audio en *Cognella Active Learning.*

Paso 4: Now, find out what type of personality you have:

14 - 16 puntos = Eres muy confiado/da. *(You are very confident.)*
10 - 13 puntos = Eres una persona social y dulce. *(You are a social and sweet person.)*
 6 - 9 puntos = Eres un buen oyente. *(You are a good listener.)*
 1 - 5 puntos = Eres una persona reservada. *(You are a reserved person.)*

¡A escribir!

7A ✏ El carné universitario

You are beginning college and need to fill out the form to get your college ID. Complete the form with your information and then go get your ID!

Solicitud del carné universitario			
Nombre			
Segundo nombre			
Nombre y apellidos del padre			
Nombre y apellidos de la madre			
Edad *(age)*			
Tres características físicas			
Color de ojos			
Color de pelo			
Estatura *(height)*			
Estado civil *(marital status)*			
Dirección de la casa			

8A ✏ Tinder Profile

You just graduated from college, moved to a new town, and are looking to meet new friends. Write a brief description of yourself. Include your name, origin, 3 physical characteristics, 2 personality traits and 3 things you like to do during your free time. Finally, add the characteristics you are looking for in your new friends.

¡A leer!

📖 Leamos un ratito

Have you ever wondered why you hear words like abuelita or papito?

Costa Rica es un país pequeño que está en Centro América. Está entre Nicaragua y Panamá. Hay cinco millones de habitantes y la gente (*people*) es muy simpática y alegre. Una expresión que usa la gente de Costa Rica es "pura vida", para expresar que todo (*all*) está bien, que no hay problemas o preocupaciones. A los costarricenses también les gusta usar diminutivos para expresar aprecio (*esteem*). Un diminutivo que usan mucho es **-tico** y es por eso que las personas de este país son conocidas como "ticos o ticas."

Algunos ejemplos:
una chica **bonita** = una chica boni**tica**
un estudiante **bueno** = un estudiante bueni**tico**
unos señores **viejos** = unos señores vieji**ticos**

Nota (*pay attention*) cómo la última vocal se quita (*gets dropped*) y luego se agrega (*add*) el diminutivo. Estos cambios ocurren con muchos (*several*) sustantivos y adjetivos, pero no con todos.

Este tipo de diminutivo también se da (*happens*) en otros países, pero generalmente el diminutivo que se usa más es **-ito/a**:
Mi gata **pequeña** se llama Muñeca. = Mi gata pequeñ**ita** se llama Muñeca.
La perra de mi tía es muy **dócil**. = La perra de mi tía es muy docil**ita**.

Estos cambios no solamente ocurren en los adjetivos, sino que también pueden ocurrir en algunos sustantivos.
La **perra** de mi **tía** es muy **dócil**. = La perr**ita** de mi ti**íta** es muy docil**ita**.

Otros sustantivos o adjetivos varían (*change*) un poquito si terminan en consonante:

matón = matoncito   joven = jovencita   trabajador = trabajadorcito

O si terminan en -e:

madre = madrecita   inteligente = inteligentito

Generalmente estos diminutivos se usan para expresar afecto (*affection*) por las cosas o personas, pero también se pueden usar para describir que la persona o cosa es pequeña en relación a su tamaño (*size*).

9A ✎ **Tu turno**

Look over the list on the left side and then provide the diminutive form for each one of the nouns or adjectives. You can see the Costa Rican version, and if a version is not used, you will see an X in the box.

Sustantivo o adjetivo	¿Cómo lo dicen los costarricenses?	¿Cómo se dice en otros países?
padre	X	
peleón	X	
alta	altica	
paciente	pacientico/a	
guapo	guapitico	
abuelo	X	
moreno	x	
lista	listica	

B Presente indicativo de los verbos -er/-ir

As we have studied before, Spanish infitive verbs end in -*ar*, -*er* or -*ir*. We have already studied the -*ar* verbs and we are now going to study the -*er* and the -*ir* verbs.

As mentioned previously, when Spanish verbs are conjugated, they show agreement with the subject.

There are six conjugations per verb:

Present tense of -er and -ir verbs

aprender (*to learn*)			
yo	aprendo	nosotros/as	aprendemos
tú	aprendes	vosotros/as	aprendéis
Ud., él, ella	aprende	Uds., ellos, ellas	aprenden

compartir (*to share*)			
yo	comparto	nosotros/as	compartimos
tú	compartes	vosotros/as	compartís
Ud., él, ella	comparte	Uds., ellos, ellas	comparten

As you can see, the conjugation for these verbs is very similar, only the nosotros and the vosotros forms are different.

All three conjugations -ar, -er and -ir have the same ending for the **yo** form: **-o** (habl**o**, aprend**o**, compart**o**). Besides the yo form, the rest of the conjugations for the -ar verbs start with an **-a** and the rest of the conjugations for the -er and -ir start with an **-e**.

¡Ojo! The verb "**ver**" has a slightly different conjugation in the yo form:

ver (to see, to watch)			
yo	veo	nosotros/as	vemos
tú	ves	vosotros/as	véis
Ud., él, ella	ve	Uds., ellos, ellas	ven

When do we use the present tense?

1. To talk about actions that are "timeless":
   Yo aprendo español en mi clase. (*I learn Spanish in my class.*)
   Ella comparte su carro con sus primos. (*She shares her car with her cousins.*)

2. To talk about an immediate future:
   Los sobrinos corren en la maratón el próximo fin de semana.
   (*The nephews are going to run in the marathon this coming weekend.*)

3. To talk about an action that is happening at the moment of speaking:
   Bebemos agua en este momento. (*We are drinking water right now.*)

Some verbs in Spanish also function as auxiliary verbs:

Deber: Yo debo estudiar mucho para el examen. (*I must study a lot for the exam.*)

Common -er and -ir verbs:

-er verbs

aprender (*to learn*)
barrer (*to sweep*)
creer (*to believe in something/someone*)
responder (*to reply*)
beber (*to drink*)
comer (*to eat*)
deber (*must, to have to, ought to*)
comprender (*to comprehend/to understand*)
correr (*to run*)
leer (*to read*)

-ir verbs

abrir (*to open*)
acudir (*to attend*)
añadir (*to add*)
aplaudir (*to clap*)
asistir a (*to help, to attend*)
compartir (*to share*)
confundir (*to confuse*)
decidir (*to decide*)
describir (*to describe*)
escribir (*to write*)
recibir (*to receive*)
vivir (*to live*)

¡A empezar!

1B ✏ 🖥 Esta es mi familia

Read the sentences and then circle the verb that best completes each sentence.

1. Mi prima Susana _____ muchos poemas en su tiempo libre.

   a. añades   b. viven   c. escribe

2. Mi abuela Carmen María y sus hijas _____ en una casa grande y bonita.

   a. bebe   b. leemos   c. viven

3. Los nietos de mis abuelos _____ muchas golosinas (snacks) todo el día.

   a. comen   b. debe   c. barremos

4. Tú siempre _____ tus cosas con el resto de la familia.

   a. corremos   b. decidís   c. compartes

5. Yo nunca _____ tarde (late) en las noches. Me gusta dormir temprano.

   a. lee   b. leo   c. leemos

2B ✏ Mi rutina

Paso 1: Complete the chart with activities you do during the week and activities you do during the weekend. Use the verbs from the list.

barrer la casa	responder correos electrónicos	beber refrescos con amigos	correr por el parque	leer libros
asistir a los indigentes (homeless)	recibir correos electrónicos	ver películas	compartir tiempo con amigos	recibir visitas (guests)

Durante la semana

Durante el fin de semana

Paso 2: Now, compare your answers with your classmates. Do you have a similar lifestyle? Be ready to share your experiences with the rest of the class.

3B ✏ A mi familia le gusta pasear *(roadtripping)*

Read the following short paragraph and complete the spaces with the correct conjugation for the verbs in parenthesis.

A mi familia le gusta ir a las montañas *(mountains)*. Nosotros siempre (1) _____ (descansar) los fines de semana en la cabaña. Por lo general, mis tíos y mis primos (2) _____ (describir) nuestro tiempo en las montañas como el tiempo más feliz con la familia. Mi abuelita (3) _____ (barrer) la cabaña apenas *(as soon as)* llegamos. Después, el resto de la familia (4) _____ (llevar) las maletas a los cuartos y finalmente yo (5) _____ (abrir) las ventanas para respirar *(breathe)* el aire fresco. En la noche, nosotros hacemos *(make)* una fogata *(bonfire)* y (6) _____ (comer) masmelos *(marshmallows)* con chocolate. ¡Siempre la pasamos bien con la familia!

¡A conversar!

4B 🗣 Pasatiempos favoritos

Paso 1: Read the following activities and rank them from 1 to 8 depending on how often you do these things. (1 = least, 8 = most)

____7____ leer libros de historia	_____ acudir a eventos deportivos
_____ recibir regalos caros *(gifts)*	_____ correr en el parque *(park)* por las mañanas
_____ barrer mi cuarto *(room)*	_____ escribir cartas *(letters)* a mis parientes
_____ aprender español	_____ comer ensaladas para el almuerzo *(lunch)*

Paso 2: Turn to your classmate and compare your answers. Use the following chart to describe your interests:

1 nunca	2 casi nunca	3 pocas veces	4 a veces	5 a menudo	6 muchas veces	7 casi siempre	8 siempre

Sigue el ejemplo: E1: ¿Lees libros de historia?
E2: Casi siempre leo libros de historia.

Do you have the same #1 or #8 activity? Or do you have opposite numbers in all the activities?

5B 🗣 La vida cotidiana

Take turns asking and describing the different activities you do during the week while you are in college.

1. ¿A qué hora desayunas? ¿Bebes café o té? ¿Comes cereal?
2. ¿A qué hora asistes a clases? ¿Asistes a clases todos los días? ¿Tienes un día libre *(free day)*?
3. ¿Comes tu cena en la cafetería con tus amigos? ¿Qué comida te gusta comer?
4. ¿Corres todos los días? ¿Cuántas horas corres? ¿Con quién corres?
5. ¿Ves mucho Netflix los fines de semana? ¿Qué programas te gusta ver?

¡A escuchar!

6B 🎧 📖 **El buen profesor / la buena profesora**

Paso 1: You have to take a very hard class next semester and are looking for the best professor who teaches that class. Listen to your friend describing what she considers great qualities in a professor. Then, mark the qualities you hear.

1. _____ nunca escribe ejemplos en la pizarra.

2. _____ asiste a clases todo el tiempo.

3. _____ bebe mucho café durante la clase.

4. _____ siempre responde a los correos electrónicos (emails).

5. _____ muchas veces lee todo (all) el material que está en las presentaciones (PowerPoint).

6. _____ comprende cuando los estudiantes no entregan (hand in) una tarea a tiempo.

7. _____ comparte su vida personal con los estudiantes.

Paso 2: Do you agree with your friend? What would you add to the list that will make the professor a better professor? Share that item with the rest of the class.

Escucha el audio en Cognella Active Learning.

¡A escribir!

7B ✏️ 📱 **Así soy yo**

Paso 1: Choose 5 verbs from the given list and write a short paragraph about yourself and things you do every day.

escuchar a mis amigos	ver Netflix	responder a los mensajes de mis amigos	recibir sorpresas
leer libros de ficción	beber agua	aprender cosas nuevas	vivir en las montañas

Paso 2: When you are done writing your paragraph, exchange it with a classmate. Read your classmate's paragraph and make comments about how you two are different or alike.

8B ✏️ **Tu prima se casa**

Your cousin has just announced that she is engaged! The whole family is happy, but you are not sure the fiancé is the best one for her. You and your cousin are very close, so you are very familiar with her routine and things she likes to do and things she does not. You decided to write to the fiancé to find out more about him and to see if they are really meant for each other.

Include the following information in your email to him:

    a. Introduce yourself
    b. Describe your cousin (personality characteristics) and ask the fiancé if he has other characteristics that are compatible with your cousin's (write at least three).
    c. Talk about your cousin's daily routine and ask the fiancé if he does the same or different activities.
    d. Ask some questions about things he likes/dislikes doing during the weekend.

Keep in mind these guidelines while writing your email:
1. Are your ideas clear?

2. Did you use at least 4 -er / -ir verbs?
3. Did you check agreement between nouns and adjectives?
4. Did you make sure all the verbs are properly conjugated? When you have finished writing the email, hand it in to your professor.

¡A leer!

9B **El bosque lluvioso** (rainforest)

Muchas parejas escogen Costa Rica como el lugar ideal para su luna de miel (honeymoon). Una de las actividades que les gusta hacer a las parejas es visitar el bosque lluvioso.

El bosque lluvioso es un ecosistema muy importante para el ambiente (environment) y también es un lugar mágico donde viven muchos animales como el jaguar, los pájaros, los monos, los tucanes y muchas serpientes. ¡Los científicos creen que hay más de 400 especies de pájaros! El Parque Nacional Braulio Carrillo es uno de los bosques más importantes en Costa Rica. Las personas llegan en carro o en bus y luego entran en el bosque, donde logran ver animales en su ambiente natural. El bosque abre temprano y las personas pueden caminar por varios senderos (paths) durante todo el día. Es imposible describir la belleza (beauty) de este bosque, por eso lo mejor que se puede hacer (best you can do) es viajar a Costa Rica y compartir una buena experiencia con tu familia, tu esposo o tu pareja. Ver tantos animales y naturaleza a la misma vez (at the same time) es una aventura maravillosa. [1]

Answer the following questions in complete sentences:

1. ¿Dónde está el Parque Nacional Braulio Carrillo?
2. ¿Cuáles animales puedes ver en el parque?
3. ¿Cuándo abre el parque?
4. ¿Por qué visitar el parque es una aventura maravillosa?

C Adjetivos posesivos

Possessive adjectives agree with the object or person owned. They are placed **before** the nouns.

Mi familia es grande.
(My family is big.)

Tu tía es simpática.
(Your aunt is nice.)

Nuestras amigas son trabajadoras.
(Our girlfriends are hardworking.)

Sus perros son pequeños.
(Their dogs are small.)

Possessive adjectives also agree in number with the noun they modify:

tu gato (singular noun "**gato**", singular adjective "**tu**")

tus gatos (plural noun "**gatos**", plural adjective "**tus**")

---

[1] https://www.elpais.cr/2017/07/09/bosque-lluvioso-ecosistema-que-hospeda-mayor-biodiversidad-en-costa-rica/
http://www.costarica21.com/Bosque-Tropical-Lluvioso-s.html

The forms "*nuestro*" y "*vuestro*" agree in **number** and in **gender** with the noun they modify.

nuestr**o** prim**o**   nuestr**os** prim**os**
vuestr**a** prim**a**   vuestr**as** prim**as**

	masculino		femenino	
singular	mi	nuestro	mi	nuestra
	tu	vuestro	tu	vuestra
	su	su	su	su
	masculino		**femenino**	
plural	mis	nuestros	mis	nuestras
	tus	vuestros	tus	vuestras
	sus	sus	sus	sus

As you can see in the previous chart, "*su*" can have several meanings. To avoid confusion, **su + noun** can be replaced by a **definite article + noun + preposition + noun or pronoun.**

La madre de Silvia es simpática. - **Su madre** es simpática. | **La casa de mi tía** es muy grande. - **Su casa** es muy grande.
(Silvia's mother is nice.)   *(Her mom is nice.)*   *(My aunt's house is big.)*   *(Her house is big.)*

Generally, in Spanish the definite articles are used instead of the possessive adjectives when talking about the parts of the body, articles of clothing, or personal belongings. However, if you need clarification, you can use possessive adjectives to avoid any confusion.

Yo pienso que los dedos de **la** mano son muy delgados. *(I think that the fingers of the hand are very thin.)*

In this sentence, "los dedos de la mano" does not imply whose fingers. Therefore, to clarify, we can change the sentence to:

Yo pienso que los dedos de **mi** mano son muy delgados. *(I think that the fingers of my hand are very thin.)*

¡A empezar!

1C   ✏️ 🖥️ **¿Mi o tu?**

Write the correct possessive adjective in front of the noun. Remember agreement!

1. _____ primos (my)

2. _____ perros (her)

3. _____ apellido (your, inf.)

4. _____ ojos (our)

5. _____ padres (you, pl.)

6. _____ amigas (my)

2C   ✏️ **La familia**

Rewrite the sentences using the possessive adjectives.

Sigue el ejemplo: <u>La mamá de **Lucrecia**</u> es bonita. = <u>Su mamá</u> es bonita.

1. <u>Los abuelos **de Juan**</u> son viejos. _____

---

2. <u>La gata **de mis primos**</u> es blanca con rayas negras. _____

3. <u>El carro **de Sara y Raúl**</u> es grande y verde. _____

4. <u>Los hijos **de mis tíos**</u> son muy antipáticos. _____

5. <u>La familia **de Laura**</u> es optimista y paciente. _____

6. <u>El sobrino **de mi esposo**</u> es beisbolista. _____

3C ✏ **Un álbum en Shutterfly**

You are creating a family album for a gift and need to label the pictures. Match the items in both columns to create the perfect label.

Columna A	Columna B
1. Estos son mis abuelos.	a. con mis perros en el parque.
2. Mi hermana y	b. mi madre se llama Marcos.
3. Aquí estoy yo	c. Ellos son muy simpáticos.
4. El yerno de	d. con sus hijos.
5. Esta es mi tía	e. su esposo tienen tres perros.

¡A conversar!

4C 👥 **Conociendo a la familia**

Get your phone out and be ready to show your family/friends' pictures to your classmate. Make sure to say who the people in the pictures are in relationship to you and describe them using two or three adjectives per person.

5C 👥 **Nuestras familias**

Each family is different, so get together with your classmate and talk about your families. Use the following list of items to compare what each family does. Make sure to use possessive adjectives when forming the sentences.

Sigue el ejemplo: Gustar/visitar la playa de vacaciones
A mi familia le gusta visitar la playa cuando estamos de vacaciones.
¿Qué hace tu familia?

1. celebrar la Navidad
2. comer en restaurantes
3. beber mucha leche (*milk*)
4. visitar a otros familiares (*relatives*)
5. asistir a una reunión familiar todos los veranos (*summer*)

¡A escuchar!

6C 🎧 📖 **Un día en la playa**

Marta's family spends the day at the beach. She is sending a text to her friends telling them about the day. Complete the sentences with the possessive adjectives you hear.

Hola chicos,

Estamos en (1) _____ playa favorita. Mi familia y yo vamos a comer en (2) _____ restaurante favorito, se llama, "La tortuga azul." Después vamos a ir a la playa y mis hermanos van a jugar con (3) _____ juguetes (toys) en la arena. Voy a sacar muchas fotos de (4) _____ familia y después se las enseño. Hoy es un día feliz para mí y (5) _____ familia.

Escucha el audio en Cognella Active Learning.

¡A escribir!

7C ✏️ **Mi amigo loco**

Paso 1: Fill out the form with the missing information.

		Escribe tu infomación aquí
1	adjetivo posesivo	
2	nombre	
3	adjetivo descriptivo (same gender as #2)	
4	número	
5	lugar	
6	adjetivo descriptivo (same as gender #2)	
7	adjetivo descriptivo (same as gender #2)	
8	color (masculino plural)	
9	color (masculino singular)	
10	verbo (infinitivo)	
11	adjetivo posesivo, plural (same as gender #12)	
12	un pariente (family member)	
13	verbo (3rd person conjugation)	
14	adjetivo posesivo (same as #1)	
15	un pariente	

Paso 2: Ahora usa la información y completa tu cuento (story).

(1) _____ amigo (2) _____ es muy (3) _____. Él tiene (4) _____ años y vive en (5) _____. También es muy (6) _____ y (7) _____. Tiene los ojos (8) _____ y el pelo (9) _____. Todos los días, después de (10) _____, sale (go out) con (11) _____ (12) _____ y (13) _____ en el restaurante Lola. (14) _____ amigo es muy especial porque ¡es mi (15) _____!

8C ✏️ La familia de mi esposo

Complete the Instagram Post with the missing possessive adjectives.

Les presento a mi nueva familia:

Yo me casé (*I got married*) con Mauricio. (1) _____ papá también se llama Mauricio, pero lo llamamos Don Mauricio. (2) _____ mamá se llama Marta Eugenia y ella es muy simpática. Mauricio tiene dos hermanas y un hermano. (3) _____ hermanos se llaman Marisa, Magaly y Marcos. Ellos son un poco antipáticos a veces. Los tíos de Mauricio viven en Managua, Nicaragua, pero (4) _____ hijos viven en la ciudad de León. (5) _____ esposo es un buen hijo, sobrino y primo.

¡A leer!

9C 📖 Las familias latinas

Hay muchas costumbres y tradiciones que son únicas de la cultura latina. Por supuesto, no todas las familias son iguales, pero hay muchas cosas que la mayoría de las familias latinas comparten. Muchas familias latinas expresan abiertamente sus emociones; por lo general, los familiares se saludan con besos y se abrazan (*hug each other*). Además, siempre hay excusas para hacer una fiesta y muchas de las fiestas tienen piñatas para grandes y para chicos. Otra costumbre es lo apegadas (*attached*) que son las familias. En algunos casos, varios familiares viven juntos en una misma casa, como

cuando los padres mayores viven con sus hijos y sus familias. Quizás (*maybe*) tú hayas visto (*have seen*) esta dinámica familiar en algunos de los shows de televisión, como en el show *Modern Family*. Si tienes tiempo libre, podrías (*you could*) ver otros shows que hay en la televisión como *Gentefied*, *La familia Peluche*, *Jane the Virgin*, *Lopez*, entre otros.[2]

Answer the following questions in complete sentences:

1. ¿Cuál es una tradición latina que todas las familias comparten?
2. ¿Cuál es otra costumbre que comparten los latinos?
3. ¿Dónde puedes (*you can*) observar la dinámica familiar de los latinos?
4. ¿Cómo es tu familia? ¿Se parece (*is it like*) a una familia latina?
5. Comparte una actividad familiar que haces con tu familia.

Gramática en contexto: Identifica y subraya en el texto los verbos - **ar**, - **er**, - **ir** del presente indicativo.

---

[2] https://paginamexa.com/2020/05/20/8-series-de-tv-sobre-familias-latinas-que-debes-ver/

ⒹPresente indicativo de tener, venir, hacer, salir, oír y traer

tener (to have)			
yo	tengo	nosotros/as	tenemos
tú	tienes	vosotros/as	tenéis
Ud., él, ella	tiene	Uds., ellos, ellas	tienen

venir (to come)			
yo	vengo	nosotros/as	venimos
tú	vienes	vosotros/as	venís
Ud., él, ella	viene	Uds., ellos, ellas	vienen

¿Cuántos hermanos y hermanas **tienes**?
Yo tengo un hermano y dos hermanas.
(How many siblings do you have?)
(I have one brother and two sisters.)

¿Tú familia **tiene** una tradición especial?
Sí, mi familia **tiene** una tradición especial para la Navidad.
(Does your family have a special tradition?)
(Yes, my family has a special tradition for Christmas.)

¿Ustedes **vienen** a la universidad todos los días?
Sí, nosotros venimos a la universidad todos los días.
(Do you come to the university every day?)
(Yes, we come to the university every day.)

¿Tus abuelos **vienen** de Maine?
No, mis abuelos no **vienen** de Maine.
Ellos **vienen** de Utah.
(Are your grandparents from Maine?)
(No, they are not from Maine. They are from Utah.)

Notice that these two verbs (**tener** and **venir**) follow a similar conjugation in the **yo** form.

Yo **vengo** a la biblioteca todos los días porque **tengo** que estudiar.
(I come to the library everyday because I have to study.)

In the **tú**, **usted**, and **ustedes** forms, the **e** of the stem changes to **ie**.

¿**Tie**nes un examen de matemáticas? *(Do you have a Math exam?)*
¿Vienen a mi fiesta? *(Are you coming to my party?)*

In the **nosotros** and **vosotros** form, there is no stem change.

Nosotros t**e**nemos dos hermanos. *(We have two brothers.)*
Vosotros v**e**nís a la universidad todos los días. *(You all come to the university every day.)*

Remember to use the preposition **a** right after the verb **venir**, as this verb describes movement towards the place you are.

Yo **vengo a** la biblioteca durante la semana.
(I come to the library during the week.)

Ellos **vienen a** la playa mañana.
(They come to the beach tomorrow.)

When the place is masculine, a contraction is necessary (**a + el = al**).

Nosotros **venimos al** parque en el verano.
(We come to the park during the summer.)

Ellos **vienen al** teatro los fines de semana.
(They come to the theater on the weekend.)

¡Ojo! The verbs **salir** and **venir** have different meanings when using prepositions **a** (to, at), **de** (of, from) and **con** (with).

Mi avión **sale a** las diez de la noche.
(My flight leaves at ten o'clock.)

Mi avión **viene a** las diez de la noche.
(My flight comes at ten o'clock.)

Mi padre **sale de** su trabajo a las tres de la tarde.
(My father leaves work at three o'clock.)

Mi padre **viene de** su trabajo a las tres de la tarde.
(My father comes from work at three o'clock.)

Yo **salgo con** mis amigos los fines de semana.
(I go out with my friends on the weekends.)

Yo **vengo con** mis amigos los fines de semana.
(I come with my friends on the weekends.)

hacer *(to do, to make)*			
yo	hago	nosotros/as	hacemos
tú	haces	vosotros/as	hacéis
Ud., él, ella	hace	Uds., ellos, ellas	hacen

salir *(to leave)*			
yo	salgo	nosotros/as	salimos
tú	sales	vosotros/as	salís
Ud., él, ella	sale	Uds., ellos, ellas	salen

The conjugation of the verb **hacer** in the **yo** form ends in **-go.** However, the rest of the conjugations follows the **-er** ending form.

The verb **salir** is also a verb that shows movement. In this case, it is necessary to write the preposition **de** right after the verb.

If the noun that follows the preposition **de** is masculine, we need a contraction *(de + el = del).*

Yo sal**go de** mi clase de español al mediodía.
(I leave my Spanish class at noon.)

¿Haces la tarea en tu dormitorio?
No, yo no ha**go** la tarea en mi dormitorio.

(Do you do your homework in your dorm?)
(No, I do not do the homework in my dorm.)

Ellos salen **del** teatro a las 7:45 p.m.
(They leave the theater at 7:45 p.m.)

¿A qué hora sales de la clase de biología?
Yo sal**go** de la clase de biología a las 10:45 a.m.

(What time do you leave bioloby class?)
(I leave Biology class at 10:45 a.m.)

oír *(to hear)*			
yo	oigo	nosotros/as	oímos
tú	oyes	vosotros/as	oís
Ud., él, ella	oye	Uds., ellos, ellas	oyen

traer *(to bring)*			
yo	traigo	nosotros/as	traemos
tú	traes	vosotros/as	traéis
Ud., él, ella	trae	Uds., ellos, ellas	traen

Besides having an irregular yo form: *(oigo)*, oír also has a spelling change (i:y) in the second singular and third singular and plural forms.

The conjugation of the verb **traer** in the **yo** form ends in -igo. However, the rest of the conjugations follows the -er ending form.

¿Oyes música clásica cuando estudias?
Sí, yo **oigo** música clásica cuando estudio.
(Do you listen to classical music when you study?)
(Yes, I listen to classical music when I study.)

¿Traes tu mochila a clase todos los días?
Sí, yo **traigo** mi mochila a clase todos los días.
(Do you bring your backpack to class every day?)
(Yes, I bring my backpack to class every day.)

¡A empezar!

1D ✏️ 🖥️ Conjuguemos verbos

Provide the appropriate form of the verbs tener, venir, hacer, salir, oír y traer.

tener
1. Yo _____ cuatro primos y dos primas.
2. Mis hermanos _____ una fiesta.
3. Mi madre _____ una sobrina.

venir
1. Tú _____ de México.
2. Los padres de mi novio _____ de Tegucigalpa.
3. Yo _____ de Asunción.

hacer
1. Yo _____ la tarea todos los días.
2. Mis hermanos _____ la cama.
3. Mi madre _____ una sopa deliciosa.

salir
1. Tú _____ de México.
2. Los padres de mi novio _____ de Tegucigalpa.
3. Yo _____ de mi clase de español a la 1:00 p.m.

oír
1. Nosotros _____ música para dormir.
2. Yo _____ las noticias todas las tardes.
3. Ella _____ a su perro Pecas.

traer
1. Ellas _____ las rosas rojas.
2. Mi prima _____ la pizza de pepperoni.
3. Yo _____ la piñata a la fiesta.

2D ✏ La rutina

Write down the order in which Matías and his parents complete these activities.

a. _____ Matías sale de su casa a las 8:30 a.m. todos los días.

b. _____ Él hace la tarea en la biblioteca después de su reunión con su profesora.

c. _____ Él trae la tarea a la clase de biología.

d. _____ Matías tiene una reunión con su profesora después de su clase de biología.

e. _____ Sus padres salen de la casa para trabajar a las 7:30 a.m.

3D ✏ Mi hermano Martín

Choose and circle the correct verb to complete the sentences.

Mi hermano Martín es muy estudioso y sus amigos son muy simpáticos. Él (sale / tiene) a tomar un café con sus amigos los fines de semana. Ellos no (tienen / hacen) mucho tiempo libre porque estudian mucho y (tienen / vienen) que (hacer / tener) mucha tarea todo el tiempo. Martín también (tiene / viene) a mi casa para comer y hablar un ratito (for a little bit). Me gusta cuando todos (salen / vienen) a mi casa y pasamos un rato feliz.

¡A conversar!

4D 👥 Entrevista

Go around the classroom and ask the following questions. Report your findings to the class later.

	Sí	No	Nombre
1. ¿Tienes 2 gatos?			
2. ¿Traes tu mochila a clase?			
3. ¿Tienes una familia pequeña?			
4. ¿Haces la tarea en la biblioteca?			
5. ¿Vienes a las clases todos los días?			
6. ¿Tienes 2 hermanas y un hermano?			
7. ¿Sales a cenar con tus amigos los domingos?			
8. ¿Oyes mucha música durante la semana?			
9. ¿Tienes primos y primas?			
10. ¿Sales de la clase de biología a las diez de la mañana?			

5D Preguntas

Get together with a classmate and take turns to ask and answer the following questions:

1. ¿Haces la tarea en la biblioteca o en tu dormitorio?

2. ¿Cuántos años tiene tu hermano o hermana?

3. ¿Tienes una mascota (pet)? ¿Cómo se llama?

4. ¿Sales con tus amigos y amigas los fines de semana? ¿Adónde salen?

5. ¿Oyes música cuando estudias? ¿Cuál es tu música favorita?

¡A escuchar!

6D Mi primo favorito

Listen to the instructor and complete the paragraph with the missing words.

Mi (1) _____ favorito se llama Pedro. Él (2) _____ 18 años. Es un muchacho (3) _____, de cabello (4) _____ y ojos (5) _____. Pedro es (6) _____ de mi tía Eugenia. Pedro y yo (7) _____ mucho en común. A los dos nos (8) _____ la música. Cuando Pedro (9)_____ a mi casa, nosotros (10)_____ la tarea juntos y después de terminar la tarea, (11) _____ música jazz.

Escucha el audio en Cognella Active Learning.

¡A escribir!

7D Mi familia

Use the conceptual map to brainstorm activities that you and your family do. Then, write five complete sentences using the vocabulary words from this lesson and the verbs *tener*, *hacer*, *venir*, and *salir*.

Sigue el ejemplo: Mi familia hace un viaje a Florida en las vacaciones.

1. _____.

2. _____.

3. _____.

4. _____.

5. _____.

hacer un viaje

Mi familia

8D ✏️ ¡De paseo por el Salto Ángel!

Angel Falls is a waterfall in Venezuela. Imagine that you are traveling to Venezuela to visit this beautiful site. Use the Internet to conduct research and write a short message to your friend that describes everything you have learned about this site. You can start your description as follows:

Las cataratas son muy impresionantes ...

_____
_____
_____
_____
_____

¡A leer!

9D 📖 La sopa de mi abuela

Dicen que los sabores (flavors) y los olores (smells) son parte de nuestra memoria y de nuestra identidad. Yo tengo muchos recuerdos de mi abuela, especialmente de su comida. ¿Te gusta tomar sopa? ¿Cuál es tu sopa favorita? ¡A mí me encanta la sopa de mi abuela! Desde (since) que soy pequeña, tomo sopa cuando voy a la casa de mi abuela. Me gusta la sopa de verduras. No sé si es la receta (recipe), los ingredientes o su cocina (stove), pero es la mejor (the best) sopa del mundo. Cuando le pregunto a mi abuela: "¿por qué tu sopa es tan sabrosa?", mi abuela me contesta: "el ingrediente principal (main) de la sopa es el amor en la preparación." Ahora (now), cuando (when) mis amigos vienen a mi casa, yo hago la receta (recipe) de la sopa de mi abuela y ellos siempre (always) oyen la historia (story) de la famosa sopa.

Answer the following questions with complete sentences:

1. ¿Qué recuerdo (memory) tiene la autora (author) de su abuela?

2. ¿Cuál es su sopa favorita?

3. ¿Qué receta hace la autora cuando sus amigos cenan en su casa?

4. ¿Recuerdas alguna receta de tu abuela o de tu abuelo?

Gramática en contexto: Identifica y subraya en el texto los verbos tener, venir, hacer y oír.

118

E Expresiones con tener

The verb *tener* is also used to express **states of being**. Here are some common phrases in Spanish with the word *tener*:

tener... años (*to be ... years old*)   tener hambre (*to be hungry*)
tener miedo (*to be afraid*)   tener frío (*to be cold*)
tener prisa (*to be in a hurry*)   tener sed (*to be thirsty*)
tener orgullo (*to be proud*)   tener sueño (*to be sleepy*)
tener razón (*to be right*)   tener suerte (*to be lucky*)
no tener razón (*to be wrong*)   tener vergüenza (*to be embarrassed*)

Tengo diecinueve años.   Tenemos orgullo de nuestras raíces.
(*I am 19 years old.*)   (*We are proud of our roots.*)

¡*Ojo!*: While in English we say, "how old are you?", in Spanish we use the expression "*tener ... años.*"

The expression **tener que** (to have) + (infinitive) expresses obligation.

Tienes que estudiar.   (*You have to study.*)
Tenemos que ir a la biblioteca.   (*We have to go to the library.*)
Tengo que escribir un ensayo.   (*I have to write an essay.*)

The expression **tener ganas de** (to feel like) + (infinitive) expresses the desire to do something.

Tengo ganas de jugar baloncesto. (*I feel like playing basketball.*)
Tengo ganas de comer pizza. (*I feel like eating pizza.*)
No tienes ganar de escribir una carta. (*You do not feel like writing a letter.*)

¡A empezar!

1E   **¿Qué tiene él/ella?**
Look at the pictures and use an expression with the verb *tener* to identify how these people feel.

Sigue el ejemplo: E1: ¿Qué tiene él?
                 E2: Él tiene frío.

1. _____   2. _____   3. _____   4. _____

2E ¿Tienes, tengo o tenemos?

Complete the following sentences with the correct form of the verb *tener*.

1. Mi madre siempre _____ la razón.
2. Mi hermano _____ quince años.
3. No tenemos sed, pero _____ hambre.
4. Ella piensa que _____ razón, pero no es verdad.
5. Yo le _____ miedo a las arañas. (*spiders*)
6. Mis abuelos _____ calor en el verano.
7. Mi hermano siempre_____ sueño; él _____ un año.
8. Después de hacer deportes, yo _____ mucha sed.
9. Ella _____ mucha suerte.
10. ¿Cuántos años _____ tú?

3E ¡A conectar!

Connect a person (left column) with an expression (right column).

Sigue el ejemplo: Mi tía y yo tenemos miedo.

1. yo	a. tiene calor.
2. la abuela	b. **tenemos miedo.**
3. los nietos	c. tengo suerte.
4. vosotros	d. tienes sueño.
5. tú	e. tienen frío.
6. **Mi tía y yo**	f. tenéis razón.

¡A conversar!

4E ¿Qué tienes?

Answer the following questions:

Sigue el ejemplo: E1: ¿Tienes sueño en la clase de español?

E2: No, no tengo sueño en la clase de español.

1. ¿Tienes hambre al mediodía?
2. ¿Qué tienes ganas de hacer después de la clase?
3. ¿Le tienes miedo a las películas de terror?
4. ¿Tienes frío en el salón de clases?
5. ¿Tienes prisa en las mañanas? ¿Por qué?

5E 👥 ¿Qué tiene?

With a partner, look at the pictures and answer the following questions with complete sentences:

1.

¿Qué tiene el padre?

_____

2.

¿Qué tiene ganas de hacer la hija mayor?

_____

3.

¿Qué tiene ganas de hacer la madre?

_____

4.

¿Qué tiene que hacer la hija menor?

_____

5.

¿Qué tiene que hacer el hijo mayor?

_____

¡A escuchar!

6E 🎧 📖 ¡Tengo ganas de ir a una taquería!

Listen to the instructor and complete the paragraph with the missing words.

Las taquerías son lugares muy (1) _____ en México. Son (2) _____ o (3) _____ restaurantes. Hay taquerías en barrios (4) _____ y también en barrios (5) _____. Las taquerías venden tacos de carnitas, al pastor, de pollo y muchos más. Si vas a la ciudad de México, (6) _____ que (7) _____ a Tacos Don Roberto. ¡Es un restaurante muy (8) _____ y (9) _____!

Escucha el audio en Cognella Active Learning.

¡A escribir!

7E ✏️ Lista de cosas por hacer (to-do-list)

Imagine that you are very busy this week. Look at the pictures and write a to-do-list with all the activities you have to complete.

LECCIÓN 3

Sigue el ejemplo: Tengo que estudiar en la biblioteca esta tarde.

 1.

 2.

3.

 4.

 5.

 6.

1. _____.
2. _____.
3. _____.
4. _____.
5. _____.
6. _____.

8E ✏️ 📖 Situación

Imagine that your favorite aunt, Tía Rosita, has invited you to watch the movie *El Guasón* (*Joker*) this Sunday. Based on your previous experience with this character from watching earlier Batman films, you are afraid of *El Guasón*, and you even have nightmares about him. You decide to decline Tia Rosita's invitation. Write her a polite email and explain to her why you cannot watch the movie with her. Remember to use the verb *tener*.

Para: Tía Rosita
De:
Asunto: El cine

¡A leer!

Los tiempos (*times*) **cambian y las familias también**

La familia, como institución, ha tenido *(has had)* cambios a través de las décadas. Inicialmente, la familia estaba conformada por *(was made up of)* miembros de una misma comunidad y la división de labores era *(was)* muy rígida. El machismo, el concepto de la superioridad del hombre sobre la mujer, era *(was)* una característica de la sociedad patriarcal latinoamericana, donde el padre tenía *(had)* el control de la familia. Con el tiempo, esa idea ha cambiado *(has changed)*, pero todavía se mantiene en muchos lugares.

Actualmente *(now)* hay variedad en la conformación de las familias. Puedes ver familias tradicionales y no tradicionales. Hay familias ensambladas *(assembled)*, con una madre y un padre divorciados y con hijos que luego se convierten *(become)* en una sola familia. También hay familias con una madre soltera o un padre soltero *(single mom, single dad)*, o familias con dos padres o dos madres. Para el 2022, ya era *(it was already)* legal el matrimonio igualitario *(same-sex marriage)* en Argentina, Brasil, Colombia, Costa Rica, Ecuador, Chile, Cuba, Uruguay y México. Igualmente, hay familias interraciales y las hijas e hijos son birraciales y, en muchos casos, bilingües. Hay familias con hijos o hijas biológicas y con niñas o niños adoptados. También hay hogares transitorios *(foster homes)* donde crecen *(grow)* muchos niños y niñas.

Los tiempos cambian y las familias también, pero las familias mantienen los mismos *(same)* lazos *(bonds)*: el amor y la unidad. Las familias comparten *(share)* tiempos de alegría, de tristeza *(sorrow)*, de éxitos *(success)* y de desafíos *(challenges)*. Los lazos familiares tienen mucha fuerza *(strength)* y todos los miembros tienen orgullo de ser parte de una pequeña comunidad. Aunque *(although)* nosotros discutimos y a veces *(sometimes)*, no tenemos la razón, al final, todos nos queremos. Y tu familia, ¿cómo es?

Tema de debate (*Topic of discussion*)

Answer the following questions in complete sentences. Then, share your answers with a partner.

1. ¿Qué cambios *(changes)* hay en la familia moderna?
2. ¿Estás de acuerdo o en desacuerdo con los cambios? ¿Por qué sí o por qué no?
3. ¿Cuáles son las ventajas *(advantages)* o desventajas *(disadvantages)* de estos cambios?
4. ¿Qué opinas de la división de labores en casa?
5. Mira las siguientes fotografías e identifica el tipo de familia:

a.

b.

c.

d.

e.

Perspectiva cultural

La Familia Real de España

Rey Felipe VI

El país de España tiene una monarquía y lo representa la Corona. El rey de España y su familia representan a la Corona.[3] El rey de España es Felipe VI y es el jefe de Estado. Su nombre completo es Felipe Juan Pablo Alfonso de Todos los Santos de Borbón y Grecia.

La reina es su esposa y se llama Letizia Ortiz Rocasolano. El rey y la reina tienen dos hijas, Leonor y Sofía. Leonor es la princesa de Asturias y es la hija mayor. Sofía es la infanta y es la hija menor. Los padres de Felipe VI son Don Juan Carlos I y Doña Sofía. Ellos son los reyes eméritos. Felipe tiene dos hermanas, Elena y Cristina. Elena, la Duquesa de Lugo, es la hermana mayor. Cristina, la infanta, es la segunda hermana. Felipe VI es el hermano menor de los tres.

Elena está divorciada y tiene dos hijos, Felipe y Victoria. Cristina e Iñaki Urdangarin son padres de cuatro hijos: Juan, Pablo, Miguel e Irene.

La infanta Leonor es la primogénita *(first born)* y la sucesora de su padre. Leonor va a ser la reina cuando su padre muera o abdique.

Aprende más sobre la Familia Real de España aquí: https://www.semana.es/casas-reales/familia-real-espanola

---

1 ✏️ **La Familia Real española**

Paso 1: Determine whether each statement is *Cierto* (True) or *Falso* (False). If they are False, explain why.

	Cierto	Falso
1. Los abuelos de Juan, Pablo, Miguel e Irene son Don Juan y Doña Sofía.	_____	_____
2. Elena es la tía de Iñaki Urdangarin.	_____	_____
3. Felipe VI y Letizia son los tíos de Leonor y Sofía.	_____	_____
4. Victoria e Irene son las sobrinas de Felipe VI.	_____	_____
5. Miguel, Felipe y Leonor son hermanos.	_____	_____

Paso 2: Draw a family tree of the Royal Family of Spain in your notebook. Compare it with your classmate.

Ortografía

El uso de las mayúsculas y minúsculas

Existen ciertas reglas para escribir las palabras con letras mayúsculas o minúsculas:

Las mayúsculas *(upper case)*

1. Se escriben con letra mayúscula los **nombres**, **apellidos** y **apodos** *(nicknames)*:

   Carmen, Luz, Miguel, Alejandro, Vargas, Pizarro, Pancho Villa, Topo Gigio, Pelé

---

[3] *https://en.wikipedia.org/wiki/Monarchy_of_Spain*

2. Se escriben con letra mayúscula los nombres de **lugares, ciudades, provincias, departamentos, estados, países, continentes**:

> *Isla de Pascua, Machu Picchu, Cuzco, Santiago de Chile, Pensilvania, Estados Unidos, Europa, África*

3. Se escriben con letra mayúscula los nombres de **instituciones**:

> *Real Academia Española, Facebook, El Museo del Prado*

4. Se escribe con letra mayúscula la **primera palabra** de un escrito, después del **punto**, después de los **dos puntos**, después de un **signo de interrogación** y **de admiración**:

> *Mi familia es grande. Mi mamá es baja. Querida familia: ¿Cómo están?, ¡Feliz cumpleaños!, ¡Hasta la vista!*

5. Se escriben con letra mayúscula las **abreviaturas**, los **títulos** y **cargos**:

> *Dr. (doctor), Dra. (doctora), Sr. (señor), Sra. (señora), Srta. (señorita), Vuestra Excelencia, Alteza Real*

6. Se escriben con letra mayúscula los títulos de **obras literarias**:

> *Don Quijote de la Mancha, Cien años de soledad, Rayuela, La ciudad y los perros. Los heraldos negros*

7. Se escriben con letra mayúscula las **festividades**:

> *Carnaval, Día de los Muertos, Pascua, Navidad, Bajada de Reyes, Independencia de México*

Las minúsculas (lower case)

1. Se escriben con letras minúsculas los **días de la semana**, los **meses del año**, las **estaciones**:

> *el lunes, los lunes, el martes, los domingos, enero, febrero, marzo, primavera, verano, otoño, invierno*

2. Se escriben con letras minúsculas los **adjetivos**, incluyendo las **nacionalidades**:

> *alto, gordito, simpático, viejo, rubio, morena, este, esa, aquella, norteamericano, mexicano, española*

3. Se escriben con letras minúsculas los **puntos cardinales**:

> *norte, sur, este, oeste, noreste, suroeste*

4. Se escriben con letras minúsculas los nombres **genéricos** de **monumentos** o los puntos **geográficos**:

> *la iglesia, la escuela, la playa del sur, las montañas, el pueblo*

5. Se escriben con letras minúsculas los nombres de **cargos públicos** o los **títulos** de personas:

> *El presidente de la república …, el decano…, el ministro…, el senador*

6. Se escriben con letras minúsculas los **idiomas** y las **religiones**:

> *el español, el francés, el portugués, el catolicismo, el budismo, el hinduismo, el cristianismo*

1 ✏ La carta

Rewrite the following letter that Juan writes to his family using uppercase and lowercase letters correctly.

> querida familia: ¿cómo están? yo estoy bien. mañana tengo una fiesta en la casa de mi primo vicente. él y yo siempre caminamos en el parque bellavista los miércoles y sábados a las seis en punto. vicente trabaja para amazon. él gana mucho dinero allí. los domingos nadamos en la playa zorritos. ¡qué playa más bonita! vicente viaja a españa en navidad para visitar a su novia elizabeth. yo también quiero (want) viajar a españa y a toda europa pronto. nos vemos pronto, familia,
>
> con amor,
> juan

En esta lección aprendiste...

La familia	Family
la abuela	grandmother
el abuelo	grandfather
la bisnieta/el bisnieto	great-grandchild
la bisabuela	great-grandmother
el bisabuelo	great-grandfather
la tatarabuela	great-great-grandmother
la nieta/el nieto	grandchild
la tataranieta/el tataranieto	great-great-grandchild
la madre	mother
el padre	father
la madrastra	stepmother
el padrastro	stepfather
la esposa/la mujer	wife
el esposo/el marido	husband
la hija	daughter
el hijo	son
la hijastra	stepdaughter
el hijastro	stepson
la hija única	only child (fem.)
el hijo único	only child (masc.)
la hija adoptada	adopted daughter
el hijo adoptado	adopted son

Los colores, cortes y estilos	Colors, haircuts, and styles
azul	blue
blanco/ca	white
café	brown
calvo/va	bald
castaño/ña	brunette
gris	gray
liso/sa	straight
negro/ra	black
ondeado/da	wavy
rizado/da	curly
verde	green

Los verbos	Verbs
abrir	to open
acudir	to attend
agregarse	to add
añadir	to add
aplaudir	to clap
aprender	to learn
asistir	to attend, to help
barrer	to sweep
beber	to drink
casarse	to get married to
comer	eat
compartir	to share

La familia	Family
la hija/el hijo mayor	oldest daughter/son
la hija/el hijo menor	youngest daughter/son
las gemelas, los gemelos	(identical) twins
las mellizas, los mellizos	(fraternal) twins
la hermana	sister
el hermano	brother
la hermanastra	stepsister
el hermanastro	stepbrother
la media hermana	half sister
el medio hermano	half brother
la sobrina	niece
el sobrino	nephew
la tía	aunt
el tío	uncle
la prima	cousin (fem.)
el primo	cousin (masc.)
la cuñada	sister-in-law
el cuñado	brother-in-law
la nuera	daughter-in-law
el yerno	son-in-law
la suegra	mother-in-law
el suegro	father-in-law
la madrina	godmother
el padrino	godfather
la madre soltera	single mother
el padre soltero	single father

Los adjetivos	Adjectives
aburrido/da	boring
alegre	happy
alto/ta	tall
antipático/ca	unpleasant
bajo/ja	short
barato/ta	cheap
bueno/na	good
callado/da	quiet
caro/ra	expensive
charlatán/charlatana	silly, chatty
bonito/ta	beautiful
corto/ta	short, brief
débil	weak
delgado/da	thin
dependiente	dependent
dócil	obedient
dulce	nice, sweet
egoísta	selfish
emprendedor/ra	enterprising
enojado/da	mad, angry
extrovertido/da	extroverted
feo/a	ugly
fuerte	strong
generoso/sa	generous

Los verbos	Verbs
comprender	to understand
confundir	to confuse
correr	to run
decidir	to decide
describir	to describe
distinguir	to distinguish
escribir	to write
hacer	to do, to make
oír	to hear
perder (e:ie)	to lose
recibir	to receive
responder	to answer
salir	to leave, to go
tener	to have
- años	- to be ... years
- calor	- to be hot
- frío	- to be cold
- hambre	- to be hungry
- miedo	- to be afraid
- orgullo	- to be proud
- prisa	- to be in a hurry
- razón	- to be right
- sed	- to be thirsty
- sueño	- to be sleepy
- suerte	- to be lucky
- vergüenza	- to be ashamed
traer	to bring
venir	to come
ver	to watch
vivir	to live

Los sustantivos	Nouns
el soltero/la soltera	single person
el casado/la casada	married person
el viudo/la viuda	widow, widower
el divorciado/el divorciada	divorced person
el apellido materno	mother's last name
el apellido paterno	father's last name
el apodo	nickname
la dirección	address
la identidad	identity
la (letra) mayúscula	upper case (letter)
la (letra) minúscula	lower case (letter)
el matrimonio	marriage
el matrimonio igualitario	same-sex marriage
la convivencia en pareja	domestic partner
la boda	wedding
el compromiso	engagement
el/la amante	lover
la novia	girlfriend/fiancée
el novio	boyfriend/fiancé
la mascota	pet
- el gato/la gata	- cat
- el hámster	- hamster
- el pájaro	- bird
- el perro/la perra	- dog
el árbol genealógico	family tree

Los adjetivos	Adjectives
gordo/da	fat
grande	great, big
guapo/pa	handsome
hablador/ra	talkative
independiente	independent
interesante	interesting
introvertido/da	introverted
joven	young
largo/ga	long
liberal	liberal
listo/ta	smart
malo/la	bad
mandón/mandona	bossy
matón/matona	bully
moderno/na	modern
nuevo/va	new
optimista	optimistic
paciente	patient
peleón/peleona	argumentative, feisty
pequeño/ña	small
perezoso/sa	lazy
pesimista	pessimistic
pobre	poor
rico/ca	rich
rubio/a	blond/blonde
simpático/ca	nice/pleasant
tacaño/ña	stingy
tímido/da	shy
tonto/ta	silly, dumb
trabajador/ra	hardworking
tradicional	traditional
viejo/ja	old

Notas

LECCIÓN CUATRO
¿Cómo es el clima en tu país?

By the end of this lesson, you will learn ...

- to talk about the weather and the seasons
- to talk about the months of the year and ordinal numbers
- to use the present tense of the verb *ir*
- to use stem-changing verbs: *e:ie*, *o:ue*, and *e:i*
- to use direct object pronouns

"La primavera, que cante o que llore, no viene nunca sin flores, ni el verano sin calores, ni el otoño sin racimos, ni el invierno sin nieves y fríos."
Juliana Panizo Rodríguez

¿Cuál es tu estación favorita? ¿Por qué?
¿Qué tiempo hace en tu ciudad?
¿Qué prefieres hacer en tu tiempo libre?

VOCABULARIO

- El clima y las estaciones
- Los meses del año y los números ordinales

ESTRUCTURAS GRAMATICALES

- Gramática 4A: El verbo **ir**
- Gramática 4B: Verbos que cambian en la raíz: e:ie
- Gramática 4C: Verbos que cambian en la raíz: o:ue
- Gramática 4D: Verbos que cambian en la raíz: e:i
- Gramática 4E: Pronombres de complemento directo

LECTURAS

- Oda al mar
- La casa de Frida Kahlo
- El Parque Nacional del Manu
- El invierno en Bariloche
- El Salar de Uyuni
- Paseando por Cancún

PERSPECTIVA CULTURAL

- Costa Rica y la biodiversidad

PRONUNCIACIÓN Y ORTOGRAFÍA

- El sonido "ción"/"sión"
- La "h"

"Spring, whether it sings or cries, never comes without flowers, nor summer without heat, nor autumn without harvest, nor winter without snow and cold."
Juliana Panizo Rodríguez
http://www.cervantesvirtual.com/obra-visor/refranes-alusivos-a-las-estaciones-del-ano/html/

¿Cómo es el clima en tu país?

Los meses del año

mes	month
año	year
enero	January
febrero	February
marzo	March
abril	April
mayo	May
junio	June
julio	July
agosto	August
septiembre	September
octubre	October
noviembre	November
diciembre	December

Números ordinales

primer/primero/ra	first
segundo/da	second
tercer/tercero/ra	third
cuarto/ta	fourth
quinto/ta	fifth
sexto/ta	sixth
séptimo/ma	seventh
octavo/va	eighth
noveno/na	ninth
décimo/ma	tenth
undécimo/ma	eleventh
duodécimo/ma	twelfth

segundo primero tercero

Está nublado | Está lloviendo | Está nevando

el sol | la luna / las estrellas | el planeta Tierra

Las estaciones del año (Seasons)

la estación	season
la primavera	spring
el invierno	winter
el verano	summer
el otoño	fall/autumn

El clima/El tiempo

¿Cómo es el clima?	What's the weather like?
Hace buen tiempo.	The weather is good.
Hace mal tiempo.	The weather is bad.
Hace calor	It's hot.
Hace fresco.	It's cool.
Hace frío.	It's cold.
Hace (mucho) sol.	It's (very) sunny.
Hace (mucho) viento.	It's (very) windy.
Llueve.	It rains/It's raining.
Nieva.	It snows/It's snowing.
temperatura	temperature
centígrados	degrees Celsius

Días feriados (holidays)

el Día de Acción de Gracias	Thanksgiving
el Año Nuevo	New Year's Day
el Día de la Madre	Mother's Day
el Día del Padre	Father's Day
el 4 de julio	4th of July
la Navidad	Christmas

Otras palabras de vocabulario

la biodiversidad	biodiversity
el calentamiento global	global warming
la catarata	waterfall
el clima	weather
la estrella	star
la fecha	date
hoy	today
el huracán	hurricane
la isla	island
el lago	lake
la lluvia	rain
la luna	moon
el mar	sea
el medio ambiente	environment
las montañas	mountains
el mundo	world
la nieve	snow
la playa	beach
el reporte del tiempo	weather report
el río	river
el planeta tierra	planet Earth
la tormenta	storm

Practica las palabras útiles y de referencia en *Cognella Active Learning*.

¡A empezar!

1 🖊 **¿Cuáles son las cuatro estaciones del año? y ¿Qué haces en las diferentes estaciones?**

Mira la fotografía e identifica las estaciones del año.

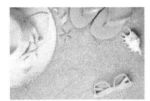   

1. _____ 2. _____ 3. _____ 4. _____

---

2 🖊 **¿Qué te gusta hacer?**

Paso 1: Contesta las siguientes preguntas con oraciones completas:

Sigue el ejemplo: ¿Qué te gusta hacer en el invierno? En el invierno, me gusta beber chocolate caliente.

1. ¿Qué te gusta hacer en la primavera?
2. ¿Qué haces en un día de verano?
3. ¿Qué te gusta hacer cuando está nevando?
4. ¿Qué haces en el Día de Acción de Gracias?
5. ¿Celebras la Navidad y el Año Nuevo? ¿Qué te gusta hacer en estos (these) días feriados?

Paso 2: Comparte tus respuestas con un/una compañero/ra de clase.

---

3 🔍 **Sopa de letras**

Escribe la definición de cada palabra/frase y luego encuentra las palabras en el cuadro (box).

```
C N W E O L Y P P M A A C Z W
L S C S E H A B E A H C E F N
I O M T N Ó I C A T S E A T T
M C K A K J T E U R Z L U N A
A S S I H E J A H Y Q P F E P
H E Ó N A R E V C N C P Z I R
I R L B E I T R L A E Q L B I
V F E I D C Y A T E F I L A M
A E P E B Q I A H V G G U T E
Q C A B T R R A E Ó K F V S R
J A G Z T A Q J L Z L X I E N
D H E H T R T O J I V A A E D
S A I A S O N E U B D O R Í O
B R S V Ó N K X X E N A P V R
E Q Q Q A C U Y A R Q X D Q C
```

CLIMA _____

SOL _____

FECHA _____

LUNA _____

CATARATAS _____

VERANO _____

HACE FRESCO _____

PRIMER _____

LLUVIA _____

ESTACIÓN _____

¡A conversar!

4 ¡Hablemos del clima!

En pareja, contesta las siguientes preguntas con oraciones completas:

1. ¿Cuál es el mes más frío? ¿Cuál es el mes más caluroso (hottest month)?
2. ¿Cuál es tu estación favorita del año? ¿Por qué?
3. ¿Qué tiempo hace en la primavera?
4. ¿Prefieres el verano o el invierno? ¿Por qué?
5. ¿Cuál es el pronóstico del tiempo (weather forecast) esta semana? ¿Hay nieve hoy? ¿Hay tormenta mañana?
6. ¿Hay huracanes en tu ciudad?

5 Inventa dos historias

Paso 1: En pareja, mira las fotografías e inventa una pequeña historia por cada fotografía. Utiliza las palabras del vocabulario.

Sigue los ejemplos:

a. Yo visito la playa en el verano.

_____

_____

_____

_____

_____

_____

b. Yo visito las montañas en la primavera.

_____

_____

_____

_____

_____

_____

Paso 2: Comparte las historias con la clase.

¡A escuchar!

6 🎧 💬 **Identifica**

Escucha a tu instructor/instructora e identifica las imágenes con las descripciones que menciona.

a.

b.

c.

d.

e.

f.

Escucha el audio en Cognella Active Learning.

¡A escribir!

7 ✏️ **¡Visitando la Amazonía peruana!**

La Amazonía es el bosque tropical más grande del mundo y es famoso por su biodiversidad. Nueve países comparten la Amazonía: Bolivia, Brasil, Colombia, Ecuador, Guyana, Guyana francesa, Perú, Surinam y Venezuela. En la Amazonía peruana hay una gran variedad de animales, mariposas (*butterflies*), insectos, reptiles, peces (*fish*) y mamíferos (*mammals*). La Amazonía peruana es considerada como una de las mayores reservas de recursos naturales (*natural resources*) biólogicos de la Tierra. En la Amazonía peruana también viven los pueblos indígenas (*indigenous*) de los Korubos y los Nahuas.

Ahora que conoces un poco de la Amazonía peruana, imagina que viajas a Perú y la visitas. Escríbele a tu amigo o amiga una carta (*letter*) sobre tu experiencia.

---

[1] https://es.wikipedia.org/wiki/Amazon%C3%ADa_del_Per%C3%BA.

¡Saludos desde la Amazonía peruana!

_____ .
_____ .
_____ .
_____ .
_____ .
_____ .

8 ✎ Cuidemos al planeta Tierra

El 22 de abril de cada año celebramos el Día Internacional de la Madre Tierra. A traves de esta celebración se busca crear conciencia sobre la importancia del cuidado (*care*) del planeta. Este día también sirve para reflexionar sobre la interdependencia existente entre las personas, los animales, las plantas y el medio ambiente.

Paso 1: Escribe un párrafo de 6 oraciones describiendo acciones que puedes hacer para celebrar en el
Día Internacional de la Madre Tierra.
Sigue el ejemplo: Para celebrar el Día Internacional de la Madre Tierra...

Paso 2: Prepara un letrero (*sign*) en Word/Canva con mensajes relacionados al cuidado de la Tierra.

Sé creativo/va.
Algunas sugerencias: plantar un árbol, reciclar las botellas y latas (*cans*), ahorrar (*save*) agua, etc.

Paso 3: Comparte tu letrero con la clase.

¡A leer!

9 📖 Oda al mar

Contesta las siguientes preguntas con oraciones completas:

1. Investiga (*research*) qué es una oda. ¿Por qué se escribe una oda?
2. Investiga quién es Pablo Neruda. ¿De dónde es Pablo Neruda?
3. ¿De qué se trata este poema?
4. ¿Qué imágenes usa el poeta?
5. ¿Por qué son importantes estas imágenes?
6. ¿Te gustan los poemas? ¿Cuál es tu poema favorito?

> Oda al mar (fragmento) [2]
> Pablo Neruda
>
> Aquí en la isla
> el mar
> y cuánto mar
> se sale de sí mismo (*overflow*)
> a cada rato
> dice que sí, que no,
> que no, que no, que no,
> dice que sí, en azul,
> en espuma, en galope (*sea foam/at top speed*)
> dice que sí, que no,
> No puede estarse quieto, (*stay still*)
> me llamo mar, repite ...

---

[2] Concha, Jaime (edit) (2003). *Odas elementales*. Pablo Neruda. Madrid: Cátedra Letras Hispánicas. p. 176.

A El verbo ir

To talk about actions that happen in the future in Spanish, we can use the verb **ir**. It is translated as "to go" in English.

ir (to go)			
yo	voy	nosotros/as	vamos
tú	vas	vosotros/as	vais
Ud., él, ella	va	Uds., ellos, ellas	van

We use the verb **ir** to talk about where people are headed.

> Yo **voy** a la tienda a comprar un paraguas porque llueve. (*I am going to the store to buy an umbrella because it is raining.*)
> Mis amigas **van** al estadio a ver un partido. (*My girlfriends are going to the stadium to watch a game.*)

Ir is also used to express an event in the future:

> **Ir + a** + infinitive verb = going to do something (in the future)

> ¿Vas a visitar a tu familia durante la primavera? (*Are you going to visit your family during spring?*)
> Voy a ir al estadio para ver el partido de fútbol. (*I am going to go to the stadium to watch the soccer game.*)

Just like in English, we need a preposition after the verb. In English we say: *I go **to** the cafeteria in the morning.* The preposition "**to**", in Spanish, is "**a**": *Yo voy **a** la cafetería en la mañana.* In this kind of grammar construction, "**a**" can be followed by either indefinite or definite articles:

> Tú vas a un parque nacional para hacer caminatas.
> Vosotros vais a una tienda a comprar bloqueador solar.
> Yo voy al almacén (*department store*) para comprar un traje de baño.

Notice in the last sentence that, instead of using **a**, we are using "**al**." This rule applies only when the definite article that follows is masculine singular: **a + el = al**

> Voy **al** cine Pacífico.   Vamos **al** restaurante argentino.   Vamos **al** río Paraná.

Verb **ir** with prepositions:

a (un lugar)	Voy a la playa. Voy a Costa Rica. Voy al cine. (a + el = al)
en (un medio de transporte)	Vamos en autobús. Vamos a trabajar en tren. Vamos en bicicleta. Vamos en carro.
de (actividades)	Van de compras. (*shopping*) Van de vacaciones. (*on vacation*) Van de viaje. (*on a trip*)
a (hacer algo)	Vas a comer en Panera. Vas a descansar el domingo. Vas a mirar el primer partido.

"**Vamos**" or "**vámonos**" means "let's go" in English.   ¡Vamos a la playa! (*Let's go to the beach!*)
                                                          ¡Vámonos de fiesta este fin de semana! (*Let's party this weekend!*)

¡A empezar!

1A ✏️ 💻 Mañana

Escoge la conjugación apropiada para completar las oraciones.

1. Ellos ___ a la oficina a trabajar.
   a. vamos   b. van   c. va
2. Yo no ___ a hacer la tarea.
   a. van   b. voy   c. vas
3. Los estudiantes ___ a descansar el fin de semana.
   a. van   b. va   c. voy
4. Los Sres. Blanco ___ al restaurante a comer mariscos (seafood).
   a. vamos   b. va   c. van
5. Tú ___ a la playa cuando hace calor.
   a. vais.   b. vas   c. va
6. Nosotras ___ a las montañas en el otoño.
   a. van   b. va   c. vamos

2A ✏️ ¿Adónde van?

Completa estas oraciones con la forma correcta del verbo **ir**.

Sigue el ejemplo: Mi padre **va** al cine todos los martes.

1. Yo _____ de paseo con mi madre. Nosotros _____ a la Isla Palominos.
2. Mis hermanas y yo _____ al zoológico los sábados en la tarde.
3. ¿Adónde _____ tú en el invierno?
4. Mucha gente (people) _____ a las playas del sur de California en el verano.
5. Los hijos de mi amiga _____ a las Cataratas del Iguazú para sus vacaciones.
6. Tú _____ al Lago Miramar en octubre.

3A ✏️ ¡Vamos a...!

Usa la conjugación correcta del verbo **ir**.

Sigue el ejemplo: Yo **voy a** cerrar la ventana porque hace frío.

1. Tú _____ **a** volver a casa a las siete de la noche.
2. Usted _____ **a** ser una famosa artista en diez años.
3. Él _____ **a** recordar (remember) el vocabulario de la lección cuatro para el examen.
4. Nosotros _____ **a** almorzar en el restaurante japonés.
5. Ustedes _____ **a** estudiar mucho para el examen de química.
6. Vosotros _____ **a** descansar después de correr la maratón.

¡A conversar!

4A ¿Qué hacen?

Tomando turnos (*taking turns*), pregúntale a tu compañero/ra las siguientes preguntas:

1. ¿Adónde van los estudiantes cuando quieren (*want*) conversar con sus amigos?
2. ¿Adónde van los estudiantes a tomarse buenas fotos para subir en Instagram?
3. ¿Adónde van los estudiantes a comprar los libros para el semestre?
4. ¿Adónde van los estudiantes cuando quieren divertirse (*to have fun*)?
5. ¿Adónde van los estudiantes cuando necesitan estudiar mucho?
6. ¿Adónde van los estudiantes cuando quieren tomar un jugo de frutas (*fruit juice*)?

5A Entrevista

Paso 1: Entrevista a tu compañero/ra usando estas preguntas como guía:

1. ¿A qué hora vas a clases los lunes?
2. ¿Adónde vas a ver una buena película (*movie*)?
3. ¿Vas al gimnasio a hacer ejercicios durante el semestre?
4. ¿Vas con tus amigos a cenar los fines de semana? ¿Adónde van?
5. ¿Vas a la biblioteca a hacer la tarea o a estudiar?
6. ¿Vas a trotar con tu compañero/ra de cuarto al mediodía?

Paso 2: Escribe dos actividades que tú y tu compañero/ra tienen en común.
Comparte tus respuestas con el resto de la clase.

¡A escuchar!

6A El fin de semana de Magaly

Escucha las actividades que Magaly va a hacer este fin de semana. Después, escribe el número en el orden que las oyes.

a. _____ va a almorzar.

b. _____ va a estudiar en la casa.

c. _____ va a mirar una película en la televisión.

d. _____ va a trabajar.

e. _____ va a ver a las amigas.

f. _____ va a descansar.

Escucha el audio en Cognella Active Learning.

¡A escribir!

7A ✏️ 💻 **El martes**

Tienes una semana muy ocupada, pero el martes es un día de locos (*crazy day*). Escribe 6 oraciones completas con las cosas que vas a hacer el martes. ¡Sé creativo/va!

Sigue el ejemplo: El martes yo voy a ir al gimnasio a las 6:00 de la mañana.

1. _____.

2. _____.

3. _____.

4. _____.

5. _____.

6. _____.

8A ✏️ **La invitación**

Tu amiga Cristina te ha invitado (*has invited you*) al concierto de la universidad. Bad Bunny va a venir a tu universidad y tú estás muy emocionado/da. Escribe los planes que tú y tu amiga tienen para el día del concierto. Usa las preguntas como una guía.

Sigue el ejemplo: ¿Dónde va a ser el concierto? El concierto va a ser en el gimnasio de la universidad.

1. ¿Cuándo va a ser el concierto?

2. ¿Quiénes van a ir al concierto?

3. ¿Cuánto van a costar las entradas?

4. ¿Quién va a comprar los boletos (*tickets*) para el concierto?

5. ¿Adónde van a ir a comer antes del concierto?

6. ¿Qué van a hacer después del concierto?

¡A leer!

9A 📖 **La casa de Frida Kahlo**

Lee el siguiente párrafo sobre una de las actividades que vas a hacer en la Ciudad de México mientras (*while*) estudias un semestre en el extranjero (*abroad*).

El primer fin de semana que los estudiantes estén en la Ciudad de México van a ir a visitar el museo de Frida Kahlo. Ella es una artista mexicana que nació (*was born*) en la casa de sus padres. Hoy en día esa casa es conocida como La Casa Azul. Frida tuvo (*had*) muchos problemas de salud (*health*), y por eso ella, en 1925, empezó (*began*) a pintar cuadros.

Los estudiantes van a viajar en metro. Van a necesitar comprar los boletos el día anterior (*previous day*). Todos los estudiantes se van a reunir en la estación del metro y van a viajar juntos (*together*). Cuando lleguen al museo, van a necesitar hacer fila para poder entrar. Una vez que entren, van a tener dos horas para ver toda la exhibición.[3]

Ahora que sabes un poquito de Frida Kahlo, ve al museo virtual: https://www.museofridakahlo.org.mx/

Luego de visitar el museo virtualmente, responde las siguientes preguntas con oraciones completas:

1. ¿Cuántos pesos mexicanos va a costar cada (*each*) boleto para entrar al museo?
2. ¿Cuáles son los colores favoritos de la artista?
3. ¿Cuál cuarto (*room*) del museo te gusta más? ¿Por qué?
4. ¿Qué cuadro de Frida te gusta más? ¿Cuál menos? ¿Por qué?
5. Tu turno: dibuja un cuadro al estilo de Frida Kahlo.

Gramática en contexto: Identifica y subraya en el texto el verbo ir + a + infinitivo.

B Verbos que cambian en la raíz: e:ie

In previous lessons, we have learned about regular -*ar*, -*er*, and -*ir* verbs. In this lesson, we will learn that many verbs do not follow the conjugation patterns we have already learned. These verbs are called stem-changing verbs because they have a vowel change in the stem. You may sometimes hear them called shoe verbs or boot verbs.

Here are three verbs that represent each group of regular verbs in Spanish:

| com**e**n**zar** | p**e**rd**er** | s**e**nt**ir** |

Paso 1: Identify the vowel in the stem subject to change:

| com**e**n**zar** | p**e**rd**er** | s**e**nt**ir** |
| e:ie | e:ie | e:ie |

Paso 2: To the stem in each verb, change the **e** to **ie**, except to the *nosotros* and *vosotros* form. Let's take a quick look to the stem-changing verbs conjugated in the first person singular:

---

[3] https://www.museofridakahlo.org.mx/

comenzar *(to begin / to start)* ➜ yo comienzo

Yo comienzo un nuevo semestre en la universidad.
(I begin a new semester at the university.)

perder *(to lose)* ➜ yo pierdo

Yo siempre pierdo mi paraguas cuando viajo.
(I always lose my umbrella when I travel.)

sentir *(to feel)* ➜ yo siento

Yo siento alegría en el verano.
(I feel happiness in the summer.)

Below is a complete conjugation of the three groups of verbs:

comenzar *(to begin / to start)*			
yo	comienzo	nosotros/as	comenzamos
tú	comienzas	vosotros/as	comenzáis
Ud., él, ella	comienza	Uds., ellos, ellas	comienzan

perder *(to lose)*			
yo	pierdo	nosotros/as	perdemos
tú	pierdes	vosotros/as	perdéis
Ud., él, ella	pierde	Uds., ellos, ellas	pierden

sentir *(to feel)*			
yo	siento	nosotros/as	sentimos
tú	sientes	vosotros/as	sentís
Ud., él, ella	siente	Uds., ellos, ellas	sienten

Lista de verbos comunes:

advertir	*to warn*	pensar (en)	*to think (about)*
cerrar	*to close*	perder	*to lose*
comenzar	*to begin / to start*	preferir	*to prefer*
convertir	*to convert*	querer (a)	*to want, to love*
despertar	*to wake up*	sentar	*to sit down*
divertir	*to amuse*	sentir	*to feel*
empezar	*to begin / to start*	tener	*to have*
entender	*to understand*	venir	*to come*

¡A empezar!

1B ✏ **Conjuga**

Completa el siguiente cuadro con la conjugación que falta *(missing)*:

	pensar	querer	advertir
yo	pienso		
tú		quieres	
Ud., él, ella			
nosotros/as			advertimos
vosotros/as	pensáis		
Uds., ellos, ellas			

2B ✏ 🖥 Agrega

Completa las oraciones con la conjugación correcta:

cerrar

1. Nosotros _____ la puerta.
2. Los estudiantes no _____ el libro de español.
3. Marisa, _____ la ventana. Llueve mucho.
4. Vosotros _____ la universidad. Es verano.
5. Yo _____ mi correo electrónico.
6. Tú _____ la oficina. Son las 8 en punto.

tener

1. En la playa, yo _____ mucho calor.
2. El deportista no _____ mucha sed.
3. Las montañas _____ muchos árboles.
4. El año _____ doce meses.
5. Tú _____ razón: 3 x 8 es 24.
6. Nosotros _____ miedo de la tormenta de nieve.

3B ✏ ¿Qué haces?

Escribe una oración sobre (about) cada imagen con las opciones dadas.

Sigue el ejemplo:  (yo / perder): Yo pierdo los libros.

1. Las chicas / no perder

2. Manuel / empezar

3. La tía Sabrina / tener frío

4. Manuel y yo / preferir

5. La biblioteca / tener

6. El estudiante / no entender

¡A conversar!

4B   Las preferencias

Paso 1: Selecciona tus preferencias entre las dos opciones y escribe una oración con el verbo preferir.

Sigue el ejemplo: estudiar   a. **en línea**   b. en clase
                          Yo prefiero estudiar en línea.

1. descansar	a. invierno	b. verano
2. vivir	a. primer piso	b. décimo piso
3. correr	a. hace sol	b. hace frío
4. leer	a. llueve	b. nieva
5. tener	a. hambre	b. sed
6. nadar	a. playa	b. piscina

Paso 2: Pregúntale a un/una compañero/ra acerca de sus preferencias.
Sigue el ejemplo: (estudiar)   a. en línea   b. en clase

                 E1: ¿Prefieres estudiar en línea o en clase?
                 E2: Yo prefiero estudiar en clase.

Paso 3: Compara tus respuestas con las respuestas de tu compañero/ra. Luego, escribe dos diferencias entre ambos.
Sigue el ejemplo: Mi compañero prefiere estudiar en clase, **pero** yo prefiero estudiar en línea.

5B   ¡No seas negativo, chico!

Hazle a tu compañero/ra las siguientes preguntas. Tu compañero/ra debe responder en forma negativa.

Sigue el ejemplo: E1: ¿Piensas estudiar los domingos?
                     E2: No, **no** pienso estudiar los domingos.

1. ¿Quieres caminar en la nieve?

2. ¿Piensas en el futuro?

3. ¿Entiendes el problema?

4. ¿Vienes a la universidad en el verano?

5. ¿Sientes calor en el verano?

6. ¿Les tienes miedo a las arañas (*spider*)?

¡A escuchar!

6B   Los planes de Josefina

Escucha a tu instructor/instructora hablar sobre los planes que Josefina tiene para la primavera.
Escoge la palabra correcta entre las dos opciones dadas.

¿Qué piensa hacer Josefina la próxima primavera?   Escucha el audio en *Cognella Active Learning.*

1. a. viajar por 5 días   b. viajar por 5 semanas
2. a. en el sexto piso   b. en el séptimo piso
3. a. hacer turismo   b. hacer ciclismo
4. a. bailar lambada   b. bailar bachata
5. a. almorzar tacos   b. almorzar nachos
6. a. pasear por la playa   b. pasear por la casa

¡A escribir!

7B ✏ Conecta

Combina una palabra de la columna A con un verbo de la columna B para formar oraciones. No olvides conjugar el verbo respectivamente.

Sigue el ejemplo: **A**   **B**

Yo   (cerrar) la puerta.   Yo cierro la puerta.

A	B
Yo	(cerrar) la puerta.
Mi amigo/ga favorito/ta	(despertar) a su madre.
Mis abuelos	(entender) la lección de los meses del año.
Los turistas	(pensar) en las vacaciones.
La profesora de español	(perder) el autobús del tour.
Tú y yo	(preferir) dormir los domingos.
Vosotras	(querer) un buen clima para hoy.
Tú	(tener) mucha hambre.

8B ✏ El correo

El fin de semana, tu amigo Roberto y tú van a ir de excursión a las montañas. En la mañana escuchas que el clima va a estar malo. Escríbele un correo electrónico (email) a Roberto para advertirle del tiempo. Recuerda usar el vocabulario de esta lección y los verbos de la lista.

advertir   **empezar**   **preferir**   **lluvia**   **huracán**   **tormenta**

Para: Ramiro.García@email.com
De: apellido@email.com
Asunto: el viernes

Hola Ramiro,
¿_____ (venir) el viernes? La radio _____ (advertir) que vamos a tener...

                            Saludos,
                             (nombre)

¡A leer!

El Parque Nacional del Manu

Lee la descripción de El Parque Nacional del Manu[4], y determina si las afirmaciones son Ciertas (*True*) o Falsas (*False*):

El Parque Nacional del Manu (Selva virgen)

Es una de las más grandes reservas naturales del mundo. Está ubicado en Perú, entre los departamentos de Cuzco y Madre de Dios. Es considerado Patrimonio Nacional de la Humanidad por la UNESCO desde 1987. Aquí se protege (*protect*) la diversidad biológica, se cuida el patrimonio ecológico, se fomenta (*encourage*) el turismo sostenible (*sustained*) y la riqueza (*wealth*) cultural de poblaciones indígenas. El Parque Nacional alberga (*is home to*) 223 especies de mamíferos, más de mil especies de aves y 250 especies de árboles. También tiene el récord mundial de diversidad de especies de anfibios (*amphibian*), con 155 y 132 reptiles para esta área protegida.

	Cierta	Falsa
1. El Parque Nacional del Manu es una reserva natural.	_____	_____
2. El "Manu" está ubicado en América del Sur.	_____	_____
3. Es un patrimonio de la UNESCO.	_____	_____
4. Existen pocos animales y aves aquí.	_____	_____
5. Hay poblaciones indígenas en el parque.	_____	_____
6. Es un área desprotegida.	_____	_____

---

[4] https://andina.pe/agencia/noticia-parque-nacional-del-manu-conoce-paraiso-amazonico-celebra-su-46-aniversario-753837.aspx
https://es.wikipedia.org/wiki/Parque_nacional_del_Manu

c Verbos que cambian en la raíz: o:ue

We will continue reviewing regular -ar, -er, and -ir verbs. In this lesson, we will learn that many verbs do not follow the conjugation patterns we have already learned. These verbs are called stem-changing verbs because they have a vowel change in the stem. You may sometimes hear them called shoe verbs or boot verbs.

Here are three verbs that represent each group of regular verbs in Spanish:

almor**zar**   volv**er**   mor**ir**

Paso 1: Identify the vowel in the stem subject to change:

al**mo**r**zar**   v**o**lv**er**   m**o**r**ir**
   o:ue   o:ue   o:ue

Paso 2: To the stem in each verb, change the **o** to **ue**, except to the *nosotros* and *vosotros* form. Let's take a quick look to the stem-changing verbs conjugated in the first person singular:

almor**zar** (*to have lunch*) ➜ yo alm**ue**rzo (*I have lunch.*)   Yo alm**ue**rzo en la playa.
(*I have lunch at the beach.*)

volv**er** (*to return*) ➜ yo v**ue**lvo (*I return.*)   Yo v**ue**lvo en tren de mis vacaciones.
(*I return from my vacations by train.*)

mor**ir** (*to die*) ➜ yo m**ue**ro (*I die.*)   Yo m**ue**ro de risa.
(*I die of laughter.*)

almorzar (*to have lunch*)			
yo	alm**ue**rzo	nosotros/as	almorz**a**mos
tú	alm**ue**rz**a**s	vosotros/as	almorz**á**is
Ud., él, ella	alm**ue**rz**a**	Uds., ellos, ellas	alm**ue**rz**a**n

volver (*to return*)			
yo	v**ue**lvo	nosotros/as	volv**e**mos
tú	v**ue**lves	vosotros/as	volv**é**is
Ud., él, ella	v**ue**lve	Uds., ellos, ellas	v**ue**lven

morir (*to die*)			
yo	m**ue**ro	nosotros/as	mor**i**mos
tú	m**ue**res	vosotros/as	mor**í**s
Ud., él, ella	m**ue**re	Uds., ellos, ellas	m**ue**ren

Check the following list of verbs:

ac**o**star	to put someone to bed
alm**o**rzar	to have lunch
c**o**ntar	to count
c**o**star	to cost
d**o**rmir	to sleep, to fall asleep
enc**o**ntrar	to find
m**o**rir	to die
ll**o**ver	to rain
p**o**der	to be able to
v**o**lver	to come back / to return
j**u**gar	to play

¡*Ojo*!

jugar (u: **ue**)

There is only one verb in the group of the u:ue stem-changing verbs. This verb is *jugar* which means to play. It has an -ar ending.

See conjugation:

yo	j**ue**go	nosotros/as	jug**a**mos
tú	j**ue**gas	vosotros/as	jug**á**is
Ud., él, ella	j**ue**ga	Uds., ellos, ellas	j**ue**gan

¡A empezar!

1C ✏ Completa

Llena el cuadro con la conjugación correcta del verbo **dormir.**
Reto: Completa el cuadro en 1 minuto.

yo	tú	ella	nosotros
vosotras	Uds.	tú y yo	él
Uds. y yo	vosotros	tú y tú	Ud.
la familia	la gente	él y yo	los chicos

2C 👥 De vacaciones

Tu amiga Rocío y tú viajan a La Habana Vieja, Cuba. Escoge la forma correcta del verbo entre paréntesis para describir lo que ellas hacen.

1. Nosotras **(contamos / cuentan)** los días para el viaje.
2. Rocío **(duermes / duerme)** temprano para estar lista.
3. Yo **(vuelves / vuelvo)** a revisar los documentos para el viaje.
4. Al llegar al aeropuerto, nosotras subimos al segundo piso, y en el restaurante, ella **(almorzamos / almuerza)** un sándwich de pollo, y yo **(puedo / podemos)** pedir una lasaña.
5. En el avión, los pasajeros **(dormimos / duermen)** a pesar de la lluvia.
6. En La Habana, **(encuentro / encontramos)** un buen hospedaje (*lodging*).
7. Aunque (*even though*) **(cuestan / cuesta)** un poco caro, vale la pena (*It's worth it!*).

3C ✏ 💻 Fin de semana

Completa el siguiente párrafo con la conjugación correcta de los verbos en paréntesis:

Saúl es uruguayo. Él visita la ciudad de Harrisburg en Pensilvania el domingo. Él (1) _____ (encontrar) un restaurante local y (2) _____ (almorzar) una hamburguesa con ensalada (*salad*). Toda la tarde (3) _____ (llover) mucho y Saúl está malhumorado. En ese momento, él va a un hotel y cansado del mal tiempo, él (4) _____ (jugar) videojuegos por 3 horas y después va a dormir. A la mañana siguiente, él (5) _____ (contar) su dinero (*money*) y se da cuenta (*realizes*) de que (6) _____ (poder) tomar un autobús para la ciudad de Filadelfia.

¡A conversar!

4C ✏️ **El precio**

Penélope va a estudiar en Barcelona el próximo verano. Ella necesita comprar muchas cosas para su dormitorio. En una tienda, ella pregunta por el precio de muchos objetos. Usa el verbo **costar** en las siguientes preguntas y respuestas.

Sigue el ejemplo: E1: (costar) ¿Cuánto c**ue**sta la papelera? (13 €)

E2: La papelera c**ue**sta 13 euros.

el ordenador 350 €	los libros 240 €	el móvil 200 €	la impresora 120 €	el escritorio 150 €	un paquete de papeles 10 €

1. ¿Cuánto cuesta el ordenador?

2. ¿Cuánto cuestan los libros?

3. ¿Cuánto cuesta el móvil?

4. ¿Cuánto cuesta la impresora (printer)?

5. ¿Cuánto cuesta el escritorio?

6. ¿Cuánto cuesta un paquete de papeles?

5C 👥 **La amiga preguntona**

Marcela es la compañera de cuarto de Claudia, una chica que tiene una vida activa y siempre está muy ocupada. Marcela es una chica muy preguntona (nosy). Ella le pregunta a Claudia constantemente a qué hora vuelve de un lugar.

Sigue el ejemplo: Marcela: ¿A qué hora vuelves de la biblioteca?

biblioteca / 9:30 a.m.   Claudia: Vuelvo a las nueve y treinta de la mañana.

1. el mercado / 1:45 p.m.

2. jugar vóleibol / 5:25 p.m.

3. hacer las compras / 10:10 a.m.

4. almorzar con el jefe / 12 p.m.

5. las clases de modelaje / 7:30 p.m.

6. el gimnasio / 9:15 a.m.

¡A escuchar!

6C 🎧 📖 Emociones

Tu instructor/instructora va a leer cómo se sienten emocionalmente (*emotionally*) algunas personas el día de hoy. Selecciona el motivo (*reason*) de estas emociones entre las dos opciones dadas.

1. a. Duermo pocas horas.   b. Almuerzo con mis amigos.
2. a. Jugamos al baloncesto.   b. Volvemos de viaje.
3. a. Encuentra un trabajo.   b. Llueve todo el día.
4. a. Llueve todo el día.   b. Hace buen tiempo.
5. a. El hotel cuesta muy caro.   b. Tienen un almuerzo delicioso.
6. a. Hace buen tiempo.   b. Se muere la mascota de la casa.

Escucha el audio en Cognella Active Learning.

¡A escribir!

7C ✏ Las actividades

Explica qué hacer en estas situaciones. Conjuga el verbo entre paréntesis y completa con diferentes actividades.

Sigue el ejemplo: Cuando el reporte del tiempo es malo, yo (dormir) <u>duermo</u> muchas horas en mi casa.

1. Cuando estoy en la playa y llueve yo (volver) _____.

2. Cuando hace sol y hace calor, mis amigas (poder)_____.

3. Cuando el reporte del tiempo es malo, nosotros no (jugar)_____.

4. Cuando hay una tormenta de nieve, mi hermano David (dormir)_____.

5. Cuando hay mucha nieve en el jardín, las flores (*flowers*) se (morir)_____.

6. Cuando tienes hambre en la playa, tú (almorzar)_____.

8C ✏ Preguntas

Escribe sobre 5 actividades que puedes hacer en casa cuando hace mal tiempo. Puedes usar las opciones del cuadro o crear tus propias opciones.

Sigue el ejemplo: Cuando hace mal tiempo, yo puedo **hacer una fiesta de pijamas en mi casa.**

hacer una fiesta de pijamas	escribir con las dos manos	ver televisión todo el día
leer 25 páginas de un libro	no tocar tu móvil por una hora	contar historias de horror
comer con los ojos cerrados (*eyes closed*)		jugar al limbo

¡A leer!

📖 **El invierno en Bariloche**

Carlos le escribe una carta a su familia sobre la ciudad de San Carlos de Bariloche, conocida simplemente (*simply*) como "Bariloche", un lugar para esquiar en Argentina.[5] Lee la información y responde a las preguntas:

Hola familia,

¿Cómo están? Estoy en casa ahora. El viaje fue *(was)* fantástico. Tengo todos los datos para su próximo viaje a esta ciudad, la ciudad de los deportes de invierno. Al llegar a Bariloche, encuentran comida típica en cualquier restaurante local. Uds. no necesitan hacer reservaciones. Pueden almorzar un delicioso ciervo ahumado *(smoked deer)* o una trucha *(trout)*. Además, las chocolaterías *(chocolatiers)* son sensacionales. La fondue no cuesta mucho, pero es un manjar *(delicacy)*. Si vuelven a la ciudad, las cervezas artesanales *(craft beers)*, son un clásico de Bariloche. Aquí duermen solo 5 horas. ¡Hay tanto que ver!

    Necesitan traer unas gafas de sol *(sunglasses)* y un buen protector solar *(sunscreen)*. Papá tiene que venir a esquiar *(to ski)* a Bariloche. Hay unas montañas inmensas *(huge)* e impresionantes *(impressive)*.

  Nos vemos en Navidad,

        Con amor, Carlos

Contesta las siguientes preguntas con oraciones completas:

1. ¿En qué estación están en Bariloche?
2. ¿Cómo es el clima en esa ciudad?
3. ¿Qué deportes se practican allí?
4. ¿Cuáles son las comidas típicas?
5. ¿Qué bebidas artesanales producen? ¿Qué postres?
6. ¿Cómo son las montañas en Bariloche?

[5] https://en.wikipedia.org/wiki/Bariloche

Ⓓ Verbos que cambian en la raíz: e:i

In previous lessons, we have learned about **-ir** verbs. In this lesson, we will learn that some verbs do not follow the conjugation patterns we have already learned. These verbs are called stem-changing verbs because they have a vowel change in the stem. You may sometimes hear them called shoe verbs or boot verbs.

Here are two verbs that represent the *-ir* group of regular verbs in Spanish:

servir   repetir

Paso 1: Identify the vowel in the stem subject to change:

s**e**rvir   rep**e**tir
e:i   e:i

Paso 2: To the stem in each verb, change the **e** to **i**, except to the *nosotros* and *vosotros* form. Let's take a quick look to the stem-changing verbs conjugated in the first person singular:

s**e**rv**ir** (*to serve*) ➜ yo s**i**rv**o** (*I serve.*)   Yo s**i**rv**o** unas enchiladas en el almuerzo.
                                                         (*I serve enchiladas at lunch.*)

rep**e**t**ir** (*to repeat*) ➜ yo rep**i**t**o** (*I repeat.*)   Yo rep**i**t**o** el viaje en el invierno.
                                                         (*I repeat the trip in the winter.*)

servir (*to serve*)			
yo	sirvo	nosotros/as	servimos
tú	sirves	vosotros/as	servís
Ud., él, ella	sirve	Uds., ellos, ellas	sirven

repetir (*to repeat*)			
yo	repito	nosotros/as	repetimos
tú	repites	vosotros/as	repetís
Ud., él, ella	repite	Uds., ellos, ellas	repiten

Lista de verbos comunes:

comp**e**tir	to compete	s**e**rvir	to serve
cons**e**guir	to get	p**e**dir	to ask for
d**e**cir	to say, to tell	s**e**guir	to follow
rep**e**tir	to repeat	v**e**stir	to dress

¡Ojo! Verbs *decir, seguir,* and *conseguir* are also irregular in the **yo** form: **digo, sigo, consigo**

¡A empezar!

1D ✏️ **Conjuga**
Conjuga los siguientes verbos:

	seguir	conseguir	repetir
1. yo	_____	_____	_____
2. tú	_____	_____	_____
3. Alicia	_____	_____	_____
4. Alicia y yo	_____	_____	_____
5. Alicia y tú	_____	_____	_____
6. Alicia y Juan	_____	_____	_____

2D ✏ Encierra

Encierra en un círculo (circle) la conjugación correcta.

1. yo	a. pido	b. pedimos	c. piden
2. los abuelos	a. conseguimos	b. consiguen	c. consigues
3. Tatiana y Ana	a. repites	b. repito	c. repiten
4. el Dr. Sevilla	a. sigo	b. sigue	c. seguimos
5. el mesero (waiter)	a. sirve	b. sirven	c. sirves
6. la familia	a. dicen	b. dice	c. decís

3D ✏ Decide

Encierra en un círculo el verbo apropiado.

1. Mi madre (viste / sirve) chocolate caliente (hot).
2. El narrador (consigue / compite) el reporte del tiempo.
3. Tú (vistes / compites) ligeramente (lightly) por el calor.
4. Yo (sigo / consigo) las recomendaciones de la temporada.
5. Vosotros (seguís / decís) el mes del año.
6. Los deportistas (visten / compiten) en las olimpiadas de invierno.

¡A conversar!

4D Entrevista

Paso 1: Pregúntale a tu compañero/ra si realiza o no las siguientes actividades.
Sigue el ejemplo: E1: ¿Sigues las instrucciones de la profesora?
E2: Sí, (yo) sigo las instrucciones de la profesora.
No, (yo) no sigo las instrucciones de la profesora.

1. ¿Dices la verdad (truth) siempre?
2. ¿Repites las palabras del vocabulario?
3. ¿Les pides favores a tus amigos con frecuencia?
4. ¿Te sirves un cafecito en las mañanas?
5. ¿Te vistes con ropa formal el Día de Acción de Gracias?
6. ¿Consigues rebajas (sales) en noviembre?

Paso 2: Reporta las respuestas de tu compañero/ra a un estudiante diferente y en tercera persona singular, él o ella.
Sigue el ejemplo: Mi compañero/ra sigue las instrucciones.

5D Diálogo

Paso 1: Conjuga los verbos en cada oración.

conseguir

A: ¿Dónde _____ buenos boletos de viaje?

B: Yo _____ los mejores precios en la página web expedia.com.

repetir

A: Mi amiga Ruth _____ la lección de los verbos regulares.

B: ¡Qué gracioso! Mis hijos _____ la canción de las estaciones.

servir

A: Mami, ¿(nosotros) _____ ensalada este viernes?

B: Sí, corazón (sweetie), tú _____ la ensalada César con un poco de sal.

vestir

A: En mi universidad, las chicas _____ pantalones cortos (shorts) y camiseta (t-shirt) en el otoño.

B: ¿En serio? Pero no hace calor. Hace frío en el otoño. Yo me _____ con un suéter todo el tiempo.

Paso 2: Lee cada diálogo con tu compañero/ra de clase.

¡A escuchar!

6D Conecta

Tu instructor/instructora va a leer una serie de descripciones. Conecta cada descripción con una imagen. Escribe el número de la descripción debajo de la imagen.

a.　　b.　　c.　　d.　　e.　　f.

Escucha el audio en Cognella Active Learning.

¡A escribir!

7D ✏ **¿Qué deportes sigues?**

Escribe oraciones sobre los deportes que sigues en la primavera y el invierno y explica por qué.

Sigue el ejemplo: En la primavera, yo sigo de cerca (*follow closely*) el béisbol porque me gusta mucho.

En el invierno, yo sigo el baloncesto porque es entretenido y muy emocionante.

En la primavera

En el invierno

8D ✏ **De visita**

Tú eres una persona muy precavida (*cautious*). Siempre buscas información importante antes de viajar. Por eso, decides escribir dónde consigues la información que necesitas cuando viajas a una ciudad nueva. Escribe un párrafo de 5 oraciones donde especificas lo que quieres conseguir (*what you want to get*) y el lugar donde lo puedes adquirir (*obtain*).

Sigue el ejemplo: (*boletos*)   Yo **consigo** un mapa de la ciudad en el oficina de turismo.

comprar boletos/espectáculos	menú/comida/bebida local	reporte del tiempo
visitar una una isla o playa	ver partidos de fútbol	ver cataratas o parques nacionales

¡A leer!

9D 📖 **El Salar de Uyuni (Bolivia)**

Vista del Salar
de Uyuni

Ubica el Salar
de Uyuni en el
mapa de Bolivia

El Salar de Uyuni está localizado a 3,656 metros, en Bolivia. En el pasado, el Salar fue un océano interno que cubría (*covered*) el Altiplano (*highlands*). Ahora, es un desierto (*desert*) blanco que, cuando llueve, el agua se asienta (*settle*) y se convierte (*becomes*) en el espejo de agua (*reflecting pool*) más grande del mundo. Durante la estación seca (*dry*), en los meses de junio a septiembre, puedes ir en carro para disfrutar de una vista espectacular del desierto. Si consigues viajar a este lugar, pide dormir en camas de sal (*salt beds*). Asimismo, podrás sumergirte (*to plunge*) en aguas termales (*hot springs*) naturales. No te olvides (*Do not forget*) de viajar para disfrutar (*enjoy*) de este paisaje (*landscape*) singular e impresionante. [6]

Determina si las siguientes afirmaciones son Ciertas o Falsas:

	Cierta	Falsa
1. El Salar está ubicado en Bolivia.	_____	_____
2. Cuando hay nieve, el Salar es un espejo.	_____	_____
3. La estación seca es antes de junio.	_____	_____
4. No se puede manejar encima del Salar.	_____	_____
5. Las aguas termales son artificiales.	_____	_____
6. Viajar al Salar de Uyuni es una experiencia singular.	_____	_____

E Pronombres de complemento directo

What is a 'direct object'? Direct objects receive the action of the verb in a sentence.

They answer the question *who?* or *what?* about the verb:

I call **Patricia** every day. = Who do I call every day? = **Patricia** (direct object)

Marcos visits **the beach** during the summer. = What does Marcos visit during the summer? = **the beach** (direct object)

Direct object pronouns can be used to replace the direct object nouns in a sentence.

me - *me*	**nos** - *us*
te – *you*	**os** - *you* (pl.)
lo - *you (sing.) him, it (masc.)*	**los** – *you (pl.), them (masc.)*
la - *you (sing.), her, it (fem.)*	**las** – *you (pl.), them (fem.)*

---

[6] https://www.worldlyadventurer.com/salar-de-uyuni-bolivian-salt-flats/

Where do they go in a sentence?

In affirmative sentences, the "**DOP**" (direct object pronoun) generally appears **before** the conjugated verb.

Yo **llamo <u>a Patricia</u>** todos los días.
(I call Patricia every day.)

Yo **<u>la</u> llamo** todos los días.
(I call her every day.)

Marcos toma **<u>las fotos</u>** del mar en el verano.
(Marcos takes pictures of the ocean in the summer.)

Marcos **<u>las</u> toma** en el verano.
(Marcos takes them during the summer.)

When there are two verbs in the same sentence, the choice is yours as to where to place the direct object pronoun in the sentence:

- either before the conjugated verb:

Voy a	pedir	**<u>unas vacaciones</u>**.
conjugated verb	*non conj. verb*	*direct object*

<u>Las</u>	voy a	pedir.
DOP	*conjugated verb*	*non conj. Verb*

- after the non-conjugated verb:

Voy a	pedir	**<u>unas vacaciones</u>**.
conjugated verb	*non conj. verb*	*direct object*

Voy a	pedir**<u>las</u>**.	
conjugated verb	*non conj. verb+DOP*	

- In negative sentences, **the word "no"** is placed before both **the conjugated verb** and **the DOP**.

Yo **no <u>la</u> llamo** todos los días.
(I do not call her every day.)

Marcos **no <u>las</u> toma** en el verano.
(Marcos does not take them in the summer.)

No <u>las</u> voy a pedir.
(I am not going to ask for them.)

No voy a pedir**<u>las</u>**.
(I am not going to ask for them.)

Whether you place them before the conjugated verb or after the non-conjugated verbs is a matter of preference. If you want to add more emphasis to the sentence, you can add a prepositional phrase at the end of the sentence.

Daniel **me** necesita llamar.
(Daniel needs to call me.)

Daniel necesita llamar**me**.
(Daniel needs to call me.)

The same sentence with emphasis:

Daniel **me** necesita llamar **a mí**.
(Daniel needs to call me.)

Daniel necesita llamar**me a mí.**
(Daniel needs to call me.)

Más ejemplos:

Héctor tiene **<u>el itinerario</u>**. (Hector has the itinerary.)

Necesito llamar a **<u>mi amiga</u>**. (I need to call my friend.)

Héctor **<u>lo</u>** tiene. (Hector has it.)

<u>La</u> necesito llamar. (I need to call her.)

Necesito llamar**<u>la</u>**. (I need to call her.)

Ahora inténtalo tú:

Vamos a comprar **las maletas** mañana.　　a. _____.

　　　　　　　　　　　　　　　　　　　　　b. _____.

Voy a empezar **el viaje** en mayo.　　　　a. _____.

　　　　　　　　　　　　　　　　　　　　　b. _____.

¡A empezar!

1E 🖊️ 📖 **Transformaciones**

Cambia los sustantivos por un pronombre de complemento directo (lo, los, la, las).

Sigue el ejemplo: el mar: **lo**

1. el verano
2. los huracanes
3. la biodiversidad
4. la playa
5. el mundo
6. las montañas

2E 🖊️ **Más pronombres**

Vuelve a escribir las oraciones, esta vez cambiando la palabra subrayada por el pronombre correcto. Recuerda el orden de las palabras en cada oración.

Sigue el ejemplo: Yo amo **el verano**: Yo **lo** amo.

1. Yo tengo el mapa de la Ciudad de México.
2. No puedo ver a Uds.
3. Alberto compra la manzana.
4. Buscamos a Cecilia.
5. Tú ves las fotos.
6. Vosotros visitáis las playas en el verano.

3E 🖊️ **Hace mucho frío**

Completa el párrafo encerrando en un círculo los pronombres correctos.

Me gusta el mes de enero porque es mi cumpleaños y porque hace mucho frío. Me encanta la nieve y yo hago muchos muñecos de nieve. (1) (Los / Las) hago grandes y pequeños; con sombreros y con bufandas (scarves). También bebo chocolate caliente. Mi mamá (2) (la / lo) prepara y yo añado muchos masmelos. También miramos la televisión. Los programas favoritos de mi mamá son (3) (los / las) de drama y (4) (los / las) míos son (5) (los / las) de acción. A veces (6) (me / te) llaman mis amigos y nosotros hablamos mucho por teléfono.

¡A conversar!

4E   👥 De vacaciones

Tú y tu mejor amigo/ga van a ir de vacaciones a un bosque lluvioso en Costa Rica. Ustedes están haciendo las maletas y tú quieres hacer una lista con las cosas que vas a comprar; sin embargo, cada vez (each time) que dices que vas a comprar algo, tu amigo/ga te dice que no porque él/ella ya tiene eso (that).

Sigue el ejemplo: (comprar / un paraguas)   E1: Voy a comprar <u>un paraguas</u>.

                                    E2: No es necesario comprar**lo**. Yo tengo uno.

1. comprar / un impermeable (raincoat)
2. llevar / una mochila
3. comprar / un bloqueador solar
4. empacar / champú
5. comprar / unas granolas y agua
6. llevar / una cámara

5E   👥 En el pueblo de Sarchí

Tú vas con tu familia a visitar el pueblo de San Carlos, cerca del volcán Arenal en Costa Rica. Habla con tu familia sobre las cosas que pueden hacer en el pueblo. Haz preguntas para decidir qué actividades van a hacer. Usa los pronombres de complemento directo.

Sigue el ejemplo: visitar / las cataratas / mañana   E1: ¿Visitamos <u>las cataratas</u> mañana?

                                                    E2: Sí, ¡**las** visitamos mañana!

1. Escalar / montañas / el domingo
2. Explorar / el lago / el viernes
3. Mirar / las estrellas / por la noche
4. Hacer / castillos de arena (sandcastles) / en la playa
5. Visitar / la Isla del Coco / la próxima semana
6. Comprar / recuerditos (souvenirs) / el sábado

¡A escuchar!

6E 🎧🖥️ **¿Qué hacemos?**

Vas a escuchar unas oraciones. Después, selecciona el pronombre que substituye el complemento directo en cada oración.

Sigue el ejemplo: Tú oyes: Vamos a practicar deportes.

Tú escoges: las (los)

1. lo   la   4. los   lo

2. los   las   5. lo   la

3. la   lo   6. los   las

Escucha el audio en Cognella Active Learning.

¡A escribir!

7E ✏️ **En el otoño**

Escribe oraciones completas usando las pistas (*clues*) dadas (*given*). Sustituye el complemento directo por el pronombre correcto y agrega (*add*) cualquier información extra que creas necesaria.

Sigue el ejemplo: Mis amigos / comprar / **árboles** / para Navidad

Mis amigos **los** compran para la Navidad.

1. Ellos / visitar / **huerto de árboles** (*orchard*) / en octubre

   _____.

2. Tú / comprar / **manzanas** (*apples*) / para hacer / pastel de manzana

   _____.

3. El estudiante / tallar / **calabazas** (*pumpkins*) / para Halloween

   _____.

4. Yo / traer / **sidra** (*cider*) **de manzana** / para beber/ noche

   _____.

5. Nosotros / ver / **películas de terror** / fin de semana

   _____.

8E ✏ **¿Qué haces cuando…?**

Responde a las siguientes preguntas usando pronombres y tu propia información:

Sigue el ejemplo: ¿Escuchas la música cuando vas a la playa? Sí, la escucho cuando tomo el sol.

1. ¿Lees muchos libros cuando estás en el lago? _____.

2. ¿Miras la lluvia desde (*from*) la ventana de tu cuarto (*room*)? _____.

3. ¿Ayudas a recoger la basura (*trash*) en el río? _____.

4. ¿Compras tulipanes (*tulips*) en la primavera? _____.

5. ¿Celebras el día de los enamorados en el invierno? _____.

6. ¿Miras Hulu mientras (*while*) haces ejercicio? _____.

¡A leer!

9E 📖 **Paseando por Cancún**

Paso 1: Lee el siguiente párrafo:

Este verano voy a ir a México. Voy a ir a Cancún y voy a visitar las pirámides porque quiero ver las pirámides. Mis primos quieren visitar las pirámides en el día, pero yo quiero visitar las pirámides en la tarde.

Yo necesito llevar unos zapatos cómodos porque voy a caminar mucho. Si uso los zapatos cómodos no me voy a cansar mucho. Mi mamá desea usar un paraguas. Ella desea usar el paraguas para protegerse del sol.

Mis tíos y mi papá prefieren llevar camisetas. Ellos prefieren llevar unas camisetas porque en el verano hace calor. Ellos necesitan comprar las camisetas porque no tienen muchas. Ellos quieren comprar las camisetas en Cancún y no en Estados Unidos.

Paso 2: Ahora, vuelve al párrafo y cambia los complementos directos por pronombres donde sea posible.

Paso 3: Compara tus respuestas con tu compañero/ra.

Perspectiva cultural

Costa Rica y la biodiversidad

La biodiversidad incluye todos los organismos vivos en nuestro planeta: el ambiente (*environment*) donde habitan y la relación que tienen con otros seres vivos (*living things*). En otras palabras, la biodiversidad incluye animales, plantas, ecosistemas y cómo se relacionan entre sí (*to each other*). Costa Rica está en Centroamérica y es un país pequeño, ¡es del tamaño de West Virginia! Sin embargo, el país tiene un 6.5% de la biodiversidad mundial. Costa Rica tiene casi 300 volcanes en su territorio, y al menos 5 de estos volcanes están activos. El Volcán Arenal, el Volcán Poás y el Volcán Turrialba son algunos de los más conocidos (*better known*). Costa Rica tiene gran variedad de climas y de actividades naturales que puedes hacer por todo el país. Hay playas, montañas, selvas tropicales, cataratas y bosques lluviosos entre otras.

Costa Rica se preocupa por el ambiente y el 27% de su territorio está protegido (*protected*), y su meta (*goal*) es llegar a tener al menos un 30% de su territorio protegido. Las aves (*birds*) han encontrado un paraíso en Costa Rica, y en este momento hay más de 900 especies de aves diferentes viviendo (*living*) en Costa Rica. También hay mucha variedad de los mamíferos (*mammals*), pero nunca como la de los pájaros.

¿Sabías que puedes ver el amanecer (*sunrise*) en el Mar Caribe y luego manejar (*to drive*) para ver el atardecer (*sunset*) en el Océano Pacífico en un mismo día (*same day*)?

Otro dato interesante es que tiene una costa muy rica en flora y fauna, y ¡por eso el país se llama Costa Rica!

Si te gusta la naturaleza y te gustan las aventuras, debes poner este país en tu lista de cosas por hacer antes de morir. [7]

 Con tu compañero/ra, responde a las preguntas con oraciones completas.

1. ¿Por qué Costa Rica es un país importante para la biodiversidad del mundo?
2. ¿Dónde se encuentra Costa Rica?
3. ¿Cuántas aves puedes ver en Costa Rica?
4. ¿Piensas que la biodiversidad es importante para el planeta? ¿Por qué?
5. ¿Qué otros países piensas tú que se esfuerzan (*make an effort*) para ayudar a la biodiversidad del planeta Tierra?

Vocabulario en contexto: Identifica y subraya en el texto las palabras del vocabulario de la lección cuatro.

Para aprender más sobre Costa Rica y la biodiversidad mira el video *Costa Rica - Biodiversity in its most beautiful form*.

https://www.youtube.com/watch?v=G-CbbmsNvx4

---

[7] https://www.elpais.cr/2019/05/27/costa-rica-alberga-65-de-la-biodiversidad-mundial-asegura-el-pnud/

¡A pronunciar!

1 🎧 El sonido "ción"/"sión"

Los sufijos (*suffix*) "ción" y "sión" son similares al sufijo en inglés "*tion*", pero el sonido es muy diferente. Escucha a tu instructor/instructora y luego, con un compañera/ro, pronuncia cada sílaba en voz alta:

ac-ción   ha-bi-ta-ción
con-ver-sa-ción   ne-go-cia-ción
dis-cu-sión   o-pe-ra-ción
es-ta-ción   sa-tis-fac-ción
fic-ción   te-le-vi-sión

¿Puedes buscar otros ejemplos?

a._____   b._____   c._____   d._____

2 🎧 La "h"

Recuerda que la "h" no tiene sonido (la "h" es muda (*the "h" is silent*).
Escucha y deletrea en voz alta (*spell out loud*) las siguientes palabras:

al-ba-ha-ca   Hai-tí
al-co-hol   her-ma-no
al-mo-ha-da   hi-pó-te-sis
ha-blar   hu-ma-no
ha-cer   za-na-ho-ria

¿Puedes buscar otros ejemplos?

a. _____   b._____   c._____   d._____

3 👥 Trabalenguas

En pareja, practica estos trabalenguas: [8]

1. Pablo Pablito clavó un clavito
   ¿Qué clavito clavó Pablo Pablito?

2. El cielo en diciembre suele ser azul
   Pero el cielo en marzo suele ser rosa.

3. Historia es la narración sucesiva
   de los sucesos que se sucedieron
   sucesivamente en la sucesión
   sucesiva de los tiempos.

4. Yaya, yayo, lelo, lela
   Toca, taco, juego, juega
   Mayo, maya, tuyo, tuya
   Cosa, casa, yelmo, yema.

---

[8] http://www.redmolinos.com/hablar_espanol/trabalenguas.html

En esta lección aprendiste...

Los meses del año	Months of the year
mes	month
año	year
enero	January
febrero	February
marzo	March
abril	April
mayo	May
junio	June
julio	July
agosto	August
septiembre	September
octubre	October
noviembre	November
diciembre	December

Números ordinales	Ordinal numbers
primer/primero/ra	first
segundo/da	second
tercer/tercero/ra	third
cuarto/ta	fourth
quinto/ta	fifth
sexto/ta	sixth
séptimo/ma	seventh
octavo/va	eighth
noveno/na	ninth
décimo/ma	tenth
undécimo/ma	eleventh
duodécimo/ma	twelfth

Los días feriados	Holidays
el Día de Acción de Gracias	Thanksgiving
el Año Nuevo	New Year's Day
el Día de la Madre	Mother's Day
el Día del Padre	Father's Day
el Día del Trabajo	Labor Day
el 4 de julio	4th of July
la Navidad	Christmas

Otras palabras de vocabulario	Other vocabulary words
los árboles	trees
la biodiversidad	biodiversity
el calentamiento global	global warming
las cataratas	waterfalls
el clima	weather
la estrella	star
la fecha	date
hoy	today
el huracán	hurricane
la isla	island
la lluvia	rain
la luna	moon
el mar	sea
las montañas	mountains
el mundo	world
la nieve	snow
el planeta Tierra	planet Earth
la playa	beach
el reporte del tiempo	weather report
el río	river
el sol	sun
la tormenta	storm

Los verbos	Verbs
acostar	to put someone to bed/ to help someone go to bed
advertir	to warn
almorzar	to have lunch
cerrar	to close
comenzar	to begin, to start
competir	to compete
conseguir	to get
contar	to count, to tell
convertir	to convert
costar	to cost
decir	to say
despertar	to wake someone up
divertir	to amuse
dormir	to sleep
empezar	to begin
encontrar	to meet, to find
entender	to understand
ir	to go
jugar	to play
llover	to rain
mostrar	to show
morir	to die
nevar	to snow
oír	to hear
pedir	to ask for
pensar (en)	to think (about)
perder	to lose
poder	to be able
poner	to put
preferir	to prefer
querer	to want, to love
recordar	to remember
repetir	to repeat
salir	to leave, to go out
seguir	to follow
sentar	to sit someone down
sentir	to feel
servir	to serve
suponer	to suppose
tener	to have
traer	to bring
venir	to come
ver	to see
vestir	to dress someone
volver	to return (person)

Las estaciones del año	Seasons of the year
la estación	season
el invierno	winter
la primavera	spring
el verano	summer
el otoño	fall/autumn

El clima / El tiempo	Weather
¿Cómo es el clima?	What's the weather like?
Hace buen tiempo.	The weather is good.
Hace mal tiempo.	The weather is bad.
Hace calor.	It's hot.
Hace fresco.	It's cool.

El clima/El tiempo	Weather
Hace frío.	It's cold.
Hace (mucho) sol.	It's (very) sunny.
Hace (mucho) viento.	It's (very) windy.
Llueve.	It's raining.
Nieva.	It's snowing.
la temperatura	temperature
centigrados	centigrades

Notas

En estas lecciones aprendiste...

- A -

abierto/ta	open
abogado	lawyer
abrazo	hug
abuela	grandmother
abuelo	grandfather
aburrido/da	bored, boring
actor, actriz	actor, actress
adiós	good-bye
alegre	happy
alto/ta	tall
amante	lover
anteojos	glasses
antipático/ca	unpleasant
apellido materno	mother's last name
apellido paterno	father's last name
apodo	nickname
apretón de manos	handshake
árbitro	referee
árboles	trees
artesanías	crafts
artesano	artisan
artista	artist
atletismo	track and field
autobús	bus
avergonzado/da	embarrassed
azul	blue

- B -

bajo/ja	short
barato/ta	cheap
básquetbol/baloncesto	basketball
béisbol	baseball
beso	kiss
biblioteca	library
bienvenidos/as	welcome
blanco/ca	white
biodiversidad	biodiversity
bisabuela	great-grandmother
bisabuelo	great-grandfather
bisnieta	great-granddaughter
bisnieto	great-grandson
boda	wedding
bola/pelota	ball
bombero	firefighter
bonito/ta	beautiful, pretty
borrador	eraser
buen fin de semana	have a good weekend
buenas noches	good night
buenas tardes	good afternoon
bueno/na	good
buenos días	good morning

- C -

café	coffee/coffee shop
café	brown (color)
calculadora	calculator
calentamiento global	global warning
callado/da	quiet
calvo/va	bald
cámara	camera
canasta (baloncesto)	basket (basketball)
cancha de fútbol	soccer field
cancha de tenis	tennis court
cansado/da	tired
caro/ra	expensive
carro	car
casado/casada	married
castaño/ña	brunette
cataratas	waterfalls
cerrado/da	closed
charlatán/charlatana	silly, chatty
chau	bye
chica	girl
chico	boy
cine	movie theater
clase	class
clase de español	Spanish class
clima	weather
clínica	clinic
compañera de cuarto	roommate (fem.)
compañero de cuarto	roommate (masc.)
composición	composition
compromiso	engagement
computadora	computer
conductor	driver (masc.)
conductora	driver (fem.)
confiado	confident
confundido	confused
consejero	counselor
convivencia en pareja	domestic partner
corto/ta	short
costurero/ra	tailor, dressmaker
cuaderno	notebook
cuadro (de pintura)	painting
cuñada	sister-in-law
cuñado	brother-in-law

- D -

de la mañana	in the morning
de la noche	in the evening/at night
de la tarde	in the afternoon
débil	weak
delgado/da	thin
dependiente	dependent
deportes	sports
deportista	athlete
desordenado/da	messy
día	day
diario	diary
dirección	address
disculpa, lo siento	I'm sorry
diseño	design

divorciado/divorciada	divorced
dócil	obedient
doctor	doctor
dona	doughnut
dulce	nice, sweet

- E -

economista	economist
egoísta	selfish
electricista	electrician
emprendedor/ra	enterprising
enamorado/da	in love (with)
enfermero/ra	nurse
enfermo/ma	sick
enojado/da	angry
entrenador/ra	coach
equipo	team
equivocado	wrong
escritor	writer
escritorio	desk
esposa/mujer	wife
esposo/marido	husband
estadio	stadium
estrella	star
estresado/da	stressed
estudiante a tiempo completo	full-time student
estudiante a tiempo parcial	part-time student
extrovertido/da	extroverted

- F -

familia	family
fecha	date
feliz, alegre, contento/ta	happy, content
feo/a	ugly
foto (fotografía)	photograph
fuerte	strong
fútbol	soccer
fútbol americano	American football

- G -

gato/gata	cat
gemelos, gemelas	identical twins
generoso/sa	generous
gente	people
golf	golf
gordo/da	fat
gracias	thank you
grande	great, big
gris	gray
guante	glove
guapo	handsome
guitarra	guitar

- H -

hablador/ra	talkative
hámster	hamster
hasta la vista	see you later
hasta pronto	see you soon
hermana	sister
hermanastra	stepsister
hermanastro	stepbrother
hermano	brother

hija	daughter
hija adoptada	adopted daughter
hijo adoptado	adopted son
hija mayor/hijo mayor	oldest daughter/son
hija única/hijo único	only child
hijastra	stepdaughter
hijastro	stepson
hijo	son
hola	hi
hombre	man
hombre de negocios	businessman
mujer de negocios	businesswoman
hora	the time
horario	schedule
horario de clase	class schedule
hospital	hospital
hoy	today
huracán	hurricane

- I -

identidad	identity
independiente	independent
ingeniero	engineer
interesante	interesting
introvertido/da	introverted
isla	island

- J -

joven	young
jugador	player

- L -

laboratorio	lab
lacrosse	lacrosse
lapicero	pen
lápiz	pencil
lápiz de color	colored pencil
largo/ga	long
lección	lesson
letra mayúscula	upper case
letra minúscula	lower case
liberal	liberal
libro	book
limonada	lemonade
limpio/a	clean
liso/sa	straight
listo/lista	smart, intelligent
lluvia	rain
logopeda	speech pathologist
lotería	lottery
luna	moon

- M -

madrastra	stepmother
madre	mother
madre soltera	single mother
madrina	godmother
maestro	teacher
malhumorado/da	in a bad mood

malo/la	bad
mandón/mandona	bossy
mano	hand
manualidades	arts and crafts
mapa	map
mar	sea
maratón	marathon
mascota	pet
matón/matona	bully
matrícula	tuition
matrimonio	wedding
matrimonio igualitario	same-sex marriage
media hermana	half sister
medianoche	midnight
mediodía	noon
médico	doctor
medio hermano	half brother
mellizas, mellizas	twins
mesa	table
mi amigo/ga	my friend
molesto/ta	mad
montañas	mountains
muchas gracias	thank you very much
mujer	woman
mundo	world
músico	musician

- N -

natación	swimming
negro/ra	black
nervioso/sa	nervous
nieve	snow
no hay de qué	you are welcome
novia	bride, girlfriend
novio	groom, boyfriend
nuera	daughter-in-law
nuevo/va	new
número	number

- O -

ocupado/da	busy
oficina	office
ondeado/da	curly
optimista	optimist

- P -

paciente	patient
padrastro	stepfather
padre	father
padre soltero	single father
padrino	godfather
país	country
pájaro	bird
palmada	pat on the back
papel	paper
partido	game
pasajera/ro	passenger
peleón/peleona	argumentative, feisty

pequeño/ña	small
perezoso/sa	lazy
periodista	journalist
perro/perra	dog
pesimista	pessimist
piano	piano
piscina	swimming pool
planeta Tierra	planet Earth
playa	beach
pobre	poor
poder	power
preocupado/da	worried
presidente	president
prima/mo	cousin
problema	problem
profesor	professor
programa	program
programador	computer programmer
psicólogo	psychologist
por favor	please
puerta	door

- Q -

¿Qué hora es?	What time is it?

- R -

raqueta	racket
red (de tenis, vóleibol)	net
relajado/da	relaxed
reloj	watch
reporte del tiempo	weather report
residencia estudiantil	dorm
rico/ca	rich
rifa	raffle
río	river
rizado/da	curly
rubio/a	blonde

- S -

saludo con la mano	hand wave
secretaria/rio	secretary
señor/don (Sr.)	Mr.
señora/doña (Sra.)	Mrs.
Señorita (Srta.)	Miss
serio/ria	serious
silla	chair
simpático	nice, pleasant
sobrina	niece
sobrino	nephew
softball	softball
sol	sun
soltero/soltera	single
sorprendido/da	surprised
sucio/cia	dirty
suegra	mother-in-law
suegro	father-in-law

GLOSARIO: LECCIONES 1 – 4

- T -	
tacaño/a	stingy
tatarabuela	great-great grandmother
tatarabuelo	great-great-grandfather
teatro	theater
teléfono	telephone
tenis	tennis
terapeuta físico	physical therapist
tía	aunt
tímido/da	shy
tío	uncle
tiquete/boleto	ticket
título	title
tonto/ta	silly
tormenta	storm
trabajador/ra	hard working
tradicional	traditional
tranquilo/la	calm
triste	sad
trompeta	trumpet
- U -	
universidad	university
- V -	
verde	green
viejo/ja	old
violín	violin
viudo/viuda	widow
vóleibol	volleyball
- Y -	
yerno	son-in-law

Las preposiciones

abajo	down, under
a la derecha	to the right
a la izquierda	to the left
al lado de	next to
allí/allá	there, over there
arriba	up
cerca	near
delante	in front
dentro	in
detrás	behind
en	in
encima de (sobre)	on, over, on top (of)
entre	between
fuera	outside
lejos	far

Números ordinales

primer/primero/ra	first
segundo/da	second
tercer/tercero/ra	third
cuarto/ta	fourth
quinto/ta	fifth
sexto/ta	sixth
séptimo/ma	seventh
octavo/va	eighth
noveno/na	ninth
décimo/ma	tenth
undécimo/ma	eleventh
duodécimo/ma	twelfth

Los días de la semana

lunes	Monday
martes	Tuesday
miércoles	Wednesday
jueves	Thursday
viernes	Friday
sábado	Saturday
domingo	Sunday

Los meses del año

mes	month
año	year
enero	January
febrero	February
marzo	March
abril	April
mayo	May
junio	June
julio	July
agosto	August
septiembre	September
octubre	October
noviembre	November
diciembre	December

Las estaciones del año

la estación	season
el invierno	winter
la primavera	spring
el verano	summer
el otoño	fall/autumn

El clima/El tiempo

¿Cómo es el clima?	What's the weather like?
Hace buen tiempo.	The weather is good.
Hace mal tiempo.	The weather is bad.
Hace calor.	It's hot.
Hace fresco.	It's cool.
Hace frío.	It's cold.
Hace (mucho) sol.	It's (very) sunny.
Hace (mucho) viento.	It's (very) windy.
Llueve.	It's raining/it rains.
Nieva.	It's snowing/it snows.
temperatura	temperature
centígrados	centigrade

Expresiones con tener

tener	to have
- años	- to be… years
- calor	- to be hot
- frío	- to be cold
- ganas de	- to feel like
- hambre	- to be hungry
- miedo	- to be afraid
- orgullo	- to be proud
- prisa	- to be in a hurry
- razón	- to be right
- sed	- to be thirsty
- sueño	- to be sleepy
- suerte	- to be lucky
- vergüenza	- to be ashamed

Lista de verbos más comunes en español

- A -

abrir	to open
acostar	to put someone to bed
acudir	to attend
advertir	to warn
agregarse	to add
almorzar	to have lunch
añadir	to add
aplaudir	to clap
aprender	to learn
asistir	to attend/to help

- B -

bailar	to dance
barrer	to sweep
beber	to drink
buscar	to look for

- C -

caminar	to walk
cantar	to sing
casarse	to get married
cenar	to have dinner
cerrar	to close
comenzar	to begin/to start
comer	to eat
compartir	to share
competir	to compete
completar	to complete
comprar	to buy
comprender	to understand
confundir	to confuse
conseguir	to get
contar	to count, to tell
contestar	to answer
conversar	to talk, to converse
convertir	to convert
correr	to run
correr en la pista	to run track and field
costar	to cost

- D -

dar	to give
decidir	to decide
decir	to say
desayunar	to have breakfast
descansar	to rest
desear	to wish
describir	to describe
despertar	to wake someone up
dibujar	to draw
distinguir	to distinguish
divertir	to amuse
dormir	to sleep

- E -

empezar	to begin
encontrar	to find, to meet
enseñar	to teach
entender	to understand
escribir	to write
escuchar	to listen to
estar	to be
estudiar	to study
explicar	to explain

- G -

ganar	to win
gustar	to like

- H -

hacer	to do, to make

- I -

ir	to go

- J -

jugar	to play

- L -

llamar	to call
llegar	to arrive
llevar	to carry
llover	to rain

- M -

mirar	to look, to watch
morir	to die
mostrar	to show

- N -

necesitar	to need
nevar	to snow

- O -

oír	to hear

- P -

pedir	to ask (for)
pensar (en)	to think (about)
perder	to lose
pintar	to paint
poder	to be able to
poner	to put, to place
practicar	to practice
preferir	to prepare
preguntar	to ask, to inquire
preparar	to prepare

Lista de verbos, cont.

- **Q** -

querer — to want, to love

- **R** -

recibir — to receive
recordar — to recall, to remember
repetir — to repeat
responder — to answer

- **S** -

sacar (un número) — to raffle
salir — to leave, to go out
seguir — to follow
sentar — to sit someone down
sentir — to feel
ser — to be
servir — to serve
suponer — to suppose

- **T** -

tener — to have
terminar — to finish
tomar — to take, to drink
trabajar — to work
traer — to bring
trotar — to jog

- **U** -

usar — to use

- **V** -

venir — to visit
ver — to see
vestir — to dress (someone)
viajar — to travel
visitar — to visit
vivir — to live
volver — to return (person)

Algunas expresiones

¿Cómo se llama? — What is your name? (form.)
¿Cómo te llamas? — What is your name? (inf.)
¿Cuál es tu nombre? — What is your name?
¿Cuál es tu profesión? — What is your profession?
Encantado — Pleased to meet you, Delighted
Jugar una mejenga/ un partidito — to play a pick up game of soccer
Le presento a ... — I would like to introduce you to ... (form.)
Mi especialidad es ... — My major is ...
Mi subespecialidad es ... — My minor is ...
Mucho gusto — Nice to meet you
Te presento a ... — I would like to introduce you to ... (inf.)
Vamos a conocernos. — Let's get to know each other.

abrir - to open

	Presente
Yo	abro
Tú	abres
Ud., él, ella	abre
Nosotros/as	abrimos
Vosotros/as	abrís
Uds., ellos, ellas	abren

acostar (o:ue) - to put someone to bed

	Presente
Yo	acuesto
Tú	acuestas
Ud., él, ella	acuesta
Nosotros/as	acostamos
Vosotros/as	acostáis
Uds., ellos, ellas	acuestan

acudir - to attend

	Presente
Yo	acudo
Tú	acudes
Ud., él, ella	acude
Nosotros/as	acudimos
Vosotros/as	acudís
Uds., ellos, ellas	acuden

advertir (e:ie) - to warn

	Presente
Yo	advierto
Tú	adviertes
Ud., él, ella	advierte
Nosotros/as	advertimos
Vosotros/as	advertís
Uds., ellos, ellas	advierten

agregar - to add

	Presente
Yo	agrego
Tú	agregas
Ud., él, ella	agrega
Nosotros/as	agregamos
Vosotros/as	agregáis
Uds., ellos, ellas	agregan

almorzar (o:ue) - to have lunch

	Presente
Yo	almuerzo
Tú	almuerzas
Ud., él, ella	almuerza
Nosotros/as	almorzamos
Vosotros/as	almorzáis
Uds., ellos, ellas	almuerzan

añadir - to add

	Presente
Yo	añado
Tú	añades
Ud., él, ella	añade
Nosotros/as	añadimos
Vosotros/as	añadís
Uds., ellos, ellas	añaden

aplaudir - to clap

	Presente
Yo	aplaudo
Tú	aplaudes
Ud., él, ella	aplaude
Nosotros/as	aplaudimos
Vosotros/as	aplaudís
Uds., ellos, ellas	aplauden

aprender - to learn

	Presente
Yo	aprendo
Tú	aprendes
Ud., él, ella	aprende
Nosotros/as	aprendemos
Vosotros/as	aprendéis
Uds., ellos, ellas	aprenden

asistir - to attend, to help

	Presente
Yo	asisto
Tú	asistes
Ud., él, ella	asiste
Nosotros/as	asistimos
Vosotros/as	asistís
Uds., ellos, ellas	asisten

bailar - to dance

	Presente
Yo	bailo
Tú	bailas
Ud., él, ella	baila
Nosotros/as	bailamos
Vosotros/as	bailáis
Uds., ellos, ellas	bailan

barrer - to sweep

	Presente
Yo	barro
Tú	barres
Ud., él, ella	barre
Nosotros/as	barremos
Vosotros/as	barréis
Uds., ellos, ellas	barren

beber - to drink

	Presente
Yo	bebo
Tú	bebes
Ud., él, ella	bebe
Nosotros/as	bebemos
Vosotros/as	bebéis
Uds., ellos, ellas	beben

buscar - to look for

	Presente
Yo	busco
Tú	buscas
Ud., él, ella	busca
Nosotros/as	buscamos
Vosotros/as	buscáis
Uds., ellos, ellas	buscan

caminar - to walk

	Presente
Yo	camino
Tú	caminas
Ud., él, ella	camina
Nosotros/as	caminamos
Vosotros/as	camináis
Uds., ellos, ellas	caminan

cantar - to sing

	Presente
Yo	canto
Tú	cantas
Ud., él, ella	canta
Nosotros/as	cantamos
Vosotros/as	cantáis
Uds., ellos, ellas	cantan

casarse - to get married

	Presente
Yo	me caso
Tú	te casas
Ud., él, ella	se casa
Nosotros/as	nos casamos
Vosotros/as	os casáis
Uds., ellos, ellas	se casan

cenar - to have dinner

	Presente
Yo	ceno
Tú	cenas
Ud., él, ella	cena
Nosotros/as	cenamos
Vosotros/as	cenáis
Uds., ellos, ellas	cenan

cerrar - to close

	Presente
Yo	cierro
Tú	cierras
Ud., él, ella	cierra
Nosotros/as	cerramos
Vosotros/as	cerráis
Uds., ellos, ellas	cierran

comenzar - to begin, to start

	Presente
Yo	comienzo
Tú	comienzas
Ud., él, ella	comienza
Nosotros/as	comenzamos
Vosotros/as	comenzáis
Uds., ellos, ellas	comienzan

comer - to eat

	Presente
Yo	como
Tú	comes
Ud., él, ella	come
Nosotros/as	comemos
Vosotros/as	coméis
Uds., ellos, ellas	comen

compartir - to share

	Presente
Yo	comparto
Tú	compartes
Ud., él, ella	comparte
Nosotros/as	compartimos
Vosotros/as	compartís
Uds., ellos, ellas	comparten

competir (e:i) - to compete

	Presente
Yo	compito
Tú	compites
Ud., él, ella	compite
Nosotros/as	competimos
Vosotros/as	competís
Uds., ellos, ellas	compiten

completar - to complete

	Presente
Yo	completo
Tú	completas
Ud., él, ella	completa
Nosotros/as	completamos
Vosotros/as	completáis
Uds., ellos, ellas	completan

comprar - to buy

	Presente
Yo	compro
Tú	compras
Ud., él, ella	compra
Nosotros/as	compramos
Vosotros/as	compráis
Uds., ellos, ellas	compran

comprender - to comprehend

	Presente
Yo	comprendo
Tú	comprendes
Ud., él, ella	comprende
Nosotros/as	comprendemos
Vosotros/as	comprendéis
Uds., ellos, ellas	comprenden

conseguir (e:i) - to obtain

	Presente
Yo	consigo
Tú	consigues
Ud., él, ella	consigue
Nosotros/as	conseguimos
Vosotros/as	conseguís
Uds., ellos, ellas	consiguen

contar (o:ue) - to count

	Presente
Yo	cuento
Tú	cuentas
Ud., él, ella	cuenta
Nosotros/as	contamos
Vosotros/as	contáis
Uds., ellos, ellas	cuentan

contestar - to answer

	Presente
Yo	contesto
Tú	contestas
Ud., él, ella	contesta
Nosotros/as	contestamos
Vosotros/as	contestáis
Uds., ellos, ellas	contestan

convertir (e:ie) - to convert

	Presente
Yo	convierto
Tú	conviertes
Ud., él, ella	convierte
Nosotros/as	convertimos
Vosotros/as	convertís
Uds., ellos, ellas	convierten

correr - to run

	Presente
Yo	corro
Tú	corres
Ud., él, ella	corre
Nosotros/as	corremos
Vosotros/as	corréis
Uds., ellos, ellas	corren

costar (o:ue) - to cost

	Presente
	-
	-
singular	cuesta
	-
	-
plural	cuestan

decir - to say

	Presente
Yo	digo
Tú	dices
Ud., él, ella	dice
Nosotros/as	decimos
Vosotros/as	decís
Uds., ellos, ellas	dicen

decidir - to decide

	Presente
Yo	decido
Tú	decides
Ud., él, ella	decide
Nosotros/as	decidimos
Vosotros/as	decidís
Uds., ellos, ellas	deciden

desayunar - to have breakfast

	Presente
Yo	desayuno
Tú	desayunas
Ud., él, ella	desayuna
Nosotros/as	desayunamos
Vosotros/as	desayunáis
Uds., ellos, ellas	desayunan

descansar - to rest

	Presente
Yo	descanso
Tú	descansas
Ud., él, ella	descansa
Nosotros/as	descansamos
Vosotros/as	descansáis
Uds., ellos, ellas	descansan

desear

Presente	
Yo	deseo
Tú	deseas
Ud., él, ella	desea
Nosotros/as	deseamos
Vosotros/as	deseáis
Uds., ellos, ellas	desean

escuchar

Presente	
Yo	escucho
Tú	escuchas
Ud., él, ella	escucha
Nosotros/as	escuchamos
Vosotros/as	escucháis
Uds., ellos, ellas	escuchan

describir - to describe

Presente	
Yo	describo
Tú	describes
Ud., él, ella	describe
Nosotros/as	describimos
Vosotros/as	describís
Uds., ellos, ellas	describen

dormir

Presente	
Yo	duermo
Tú	duermes
Ud., él, ella	duerme
Nosotros/as	dormimos
Vosotros/as	dormís
Uds., ellos, ellas	duermen

estar - to be

Presente	
Yo	estoy
Tú	estás
Ud., él, ella	está
Nosotros/as	estamos
Vosotros/as	estáis
Uds., ellos, ellas	están

despertar (e:ie) - to wake up someone

Presente	
Yo	despierto
Tú	despiertas
Ud., él, ella	despierta
Nosotros/as	despertamos
Vosotros/as	despertáis
Uds., ellos, ellas	despiertan

empezar (e:ie) - to begin

Presente	
Yo	empiezo
Tú	empiezas
Ud., él, ella	empieza
Nosotros/as	empezamos
Vosotros/as	empezáis
Uds., ellos, ellas	empiezan

estudiar - to study

Presente	
Yo	estudio
Tú	estudias
Ud., él, ella	estudia
Nosotros/as	estudiamos
Vosotros/as	estudiáis
Uds., ellos, ellas	estudian

dibujar - to draw

Presente	
Yo	dibujo
Tú	dibujas
Ud., él, ella	dibuja
Nosotros/as	dibujamos
Vosotros/as	dibujáis
Uds., ellos, ellas	dibujan

encontrar - to find

Presente	
Yo	encuentro
Tú	encuentras
Ud., él, ella	encuentra
Nosotros/as	encontramos
Vosotros/as	encontráis
Uds., ellos, ellas	encuentran

explicar - to explain

Presente	
Yo	explico
Tú	explicas
Ud., él, ella	explica
Nosotros/as	explicamos
Vosotros/as	explicáis
Uds., ellos, ellas	explican

distinguir - to distinguish

Presente	
Yo	distingo
Tú	distingues
Ud., él, ella	distingue
Nosotros/as	distinguimos
Vosotros/as	distinguís
Uds., ellos, ellas	distinguen

enseñar - to teach

Presente	
Yo	enseño
Tú	enseñas
Ud., él, ella	enseña
Nosotros/as	enseñamos
Vosotros/as	enseñáis
Uds., ellos, ellas	enseñan

ganar - to win

Presente	
Yo	gano
Tú	ganas
Ud., él, ella	gana
Nosotros/as	ganamos
Vosotros/as	ganáis
Uds., ellos, ellas	ganan

divertir (e:ie) - to amuse

Presente	
Yo	divierto
Tú	diviertes
Ud., él, ella	divierte
Nosotros/as	divertimos
Vosotros/as	divertís
Uds., ellos, ellas	divierten

entender (e:ie) - to understand

Presente	
Yo	entiendo
Tú	entiendes
Ud., él, ella	entiende
Nosotros/as	entendemos
Vosotros/as	entendéis
Uds., ellos, ellas	entienden

escribir - to write

Presente	
Yo	escribo
Tú	escribes
Ud., él, ella	escribe
Nosotros/as	escribimos
Vosotros/as	escribís
Uds., ellos, ellas	escriben

gustar - to like

Presente	
singular	gusta
plural	gustan

hacer - to do, to make

	Presente
Yo	hago
Tú	haces
Ud., él, ella	hace
Nosotros/as	hacemos
Vosotros/as	hacéis
Uds., ellos, ellas	hacen

ir - to go

	Presente
Yo	voy
Tú	vas
Ud., él, ella	va
Nosotros/as	vamos
Vosotros/as	vais
Uds., ellos, ellas	van

jugar (u:ue) - to play

	Presente
Yo	juego
Tú	juegas
Ud., él, ella	juega
Nosotros/as	jugamos
Vosotros/as	jugáis
Uds., ellos, ellas	juegan

llamar - to call

	Presente
Yo	llamo
Tú	llamas
Ud., él, ella	llama
Nosotros/as	llamamos
Vosotros/as	llamáis
Uds., ellos, ellas	llaman

llegar - to arrive

	Presente
Yo	llego
Tú	llegas
Ud., él, ella	llega
Nosotros/as	llegamos
Vosotros/as	llegáis
Uds., ellos, ellas	llegan

llevar - to carry

	Presente
Yo	llevo
Tú	llevas
Ud., él, ella	lleva
Nosotros/as	llevamos
Vosotros/as	lleváis
Uds., ellos, ellas	llevan

llover - to rain

	Presente
singular	llueve

mirar - to look, to watch

	Presente
Yo	miro
Tú	miras
Ud., él, ella	mira
Nosotros/as	miramos
Vosotros/as	miráis
Uds., ellos, ellas	miran

morir (o:ue) - to die

	Presente
Yo	muero
Tú	mueres
Ud., él, ella	muere
Nosotros/as	morimos
Vosotros/as	morís
Uds., ellos, ellas	mueren

mostrar (o:ue) - to show

	Presente
Yo	muestro
Tú	muestras
Ud., él, ella	muestra
Nosotros/as	mostramos
Vosotros/as	mostráis
Uds., ellos, ellas	muestran

necesitar - to need

	Presente
Yo	necesito
Tú	necesitas
Ud., él, ella	necesita
Nosotros/as	necesitamos
Vosotros/as	necesitáis
Uds., ellos, ellas	necesitan

nevar - to snow

	Presente
singular	nieva

oír - to hear

	Presente
Yo	oigo
Tú	oyes
Ud., él, ella	oye
Nosotros/as	oímos
Vosotros/as	oís
Uds., ellos, ellas	oyen

pedir - to ask (for)

	Presente
Yo	pido
Tú	pides
Ud., él, ella	pide
Nosotros/as	pedimos
Vosotros/as	pedís
Uds., ellos, ellas	piden

pensar (en) (e:ie) - to think (about)

	Presente
Yo	pienso
Tú	piensas
Ud., él, ella	piensa
Nosotros/as	pensamos
Vosotros/as	pensáis
Uds., ellos, ellas	piensan

perder (e:ie) - to lose

	Presente
Yo	pierdo
Tú	pierdes
Ud., él, ella	pierde
Nosotros/as	perdemos
Vosotros/as	perdéis
Uds., ellos, ellas	pierden

poder (o:ue) - to be able to

	Presente
Yo	puedo
Tú	puedes
Ud., él, ella	puede
Nosotros/as	podemos
Vosotros/as	podéis
Uds., ellos, ellas	pueden

poner - to put

	Presente
Yo	pongo
Tú	pones
Ud., él, ella	pone
Nosotros/as	ponemos
Vosotros/as	ponéis
Uds., ellos, ellas	ponen

practicar	Presente
Yo	practico
Tú	practicas
Ud., él, ella	practica
Nosotros/as	practicamos
Vosotros/as	practicáis
Uds., ellos, ellas	practican

preferir (e:ie) - to prefer

	Presente
Yo	prefiero
Tú	prefieres
Ud., él, ella	prefiere
Nosotros/as	preferimos
Vosotros/as	preferís
Uds., ellos, ellas	prefieren

preguntar - to ask, to inquire

	Presente
Yo	pregunto
Tú	preguntas
Ud., él, ella	pregunta
Nosotros/as	preguntamos
Vosotros/as	preguntáis
Uds., ellos, ellas	preguntan

preparar - to prepare

	Presente
Yo	preparo
Tú	preparas
Ud., él, ella	prepara
Nosotros/as	preparamos
Vosotros/as	preparáis
Uds., ellos, ellas	preparan

querer (e:ie) - to want, to love

	Presente
Yo	quiero
Tú	quieres
Ud., él, ella	quiere
Nosotros/as	queremos
Vosotros/as	queréis
Uds., ellos, ellas	quieren

recibir - to receive

	Presente
Yo	recibo
Tú	recibes
Ud., él, ella	recibe
Nosotros/as	recibimos
Vosotros/as	recibís
Uds., ellos, ellas	reciben

---

recordar	Presente
Yo	recuerdo
Tú	recuerdas
Ud., él, ella	recuerda
Nosotros/as	recordamos
Vosotros/as	recordáis
Uds., ellos, ellas	recuerdan

repetir (e:i) - to repeat

	Presente
Yo	repito
Tú	repites
Ud., él, ella	repite
Nosotros/as	repetimos
Vosotros/as	repetís
Uds., ellos, ellas	repiten

responder - to answer

	Presente
Yo	respondo
Tú	respondes
Ud., él, ella	responde
Nosotros/as	respondemos
Vosotros/as	respondéis
Uds., ellos, ellas	responden

sacar (un número) - to raffle

	Presente
Yo	saco
Tú	sacas
Ud., él, ella	saca
Nosotros/as	sacamos
Vosotros/as	sacáis
Uds., ellos, ellas	sacan

salir - to leave, to go out

	Presente
Yo	salgo
Tú	sales
Ud., él, ella	sale
Nosotros/as	salimos
Vosotros/as	salís
Uds., ellos, ellas	salen

seguir (e:i) - to follow

	Presente
Yo	sigo
Tú	sigues
Ud., él, ella	sigue
Nosotros/as	seguimos
Vosotros/as	seguís
Uds., ellos, ellas	siguen

---

sentar	Presente
Yo	siento
Tú	sientas
Ud., él, ella	sienta
Nosotros/as	sentamos
Vosotros/as	sentáis
Uds., ellos, ellas	sientan

sentir (e:ie) - to feel

	Presente
Yo	siento
Tú	sientes
Ud., él, ella	siente
Nosotros/as	sentimos
Vosotros/as	sentís
Uds., ellos, ellas	sienten

ser - to be

	Presente
Yo	soy
Tú	eres
Ud., él, ella	es
Nosotros/as	somos
Vosotros/as	sois
Uds., ellos, ellas	son

servir (e:i) - to serve

	Presente
Yo	sirve
Tú	sirves
Ud., él, ella	sirve
Nosotros/as	servimos
Vosotros/as	servís
Uds., ellos, ellas	sirven

suponer - to suppose

	Presente
Yo	supongo
Tú	supones
Ud., él, ella	supone
Nosotros/as	suponemos
Vosotros/as	suponéis
Uds., ellos, ellas	suponen

tener (e:ie) - to have

	Presente
Yo	tengo
Tú	tienes
Ud., él, ella	tiene
Nosotros/as	tenemos
Vosotros/as	tenéis
Uds., ellos, ellas	tienen

terminar - to finish

	Presente
Yo	termino
Tú	terminas
Ud., él, ella	termina
Nosotros/as	terminamos
Vosotros/as	termináis
Uds., ellos, ellas	terminan

tomar - to take, to drink

	Presente
Yo	tomo
Tú	tomas
Ud., él, ella	toma
Nosotros/as	tomamos
Vosotros/as	tomáis
Uds., ellos, ellas	toman

trabajar - to work

	Presente
Yo	trabajo
Tú	trabajas
Ud., él, ella	trabaja
Nosotros/as	trabajamos
Vosotros/as	trabajáis
Uds., ellos, ellas	trabajan

traer - to bring

	Presente
Yo	traigo
Tú	traes
Ud., él, ella	trae
Nosotros/as	traemos
Vosotros/as	traéis
Uds., ellos, ellas	traen

trotar - to jog

	Presente
Yo	troto
Tú	trotas
Ud., él, ella	trota
Nosotros/as	trotamos
Vosotros/as	trotáis
Uds., ellos, ellas	trotan

usar - to use

	Presente
Yo	uso
Tú	usas
Ud., él, ella	usa
Nosotros/as	usamos
Vosotros/as	usáis
Uds., ellos, ellas	usan

venir (e:ie) - to come

	Presente
Yo	vengo
Tú	vienes
Ud., él, ella	viene
Nosotros/as	venimos
Vosotros/as	venís
Uds., ellos, ellas	vienen

ver - to see

	Presente
Yo	veo
Tú	ves
Ud., él, ella	ve
Nosotros/as	vemos
Vosotros/as	veis
Uds., ellos, ellas	ven

vestir (e:i) - to dress (someone)

	Presente
Yo	visto
Tú	vistes
Ud., él, ella	viste
Nosotros/as	vestimos
Vosotros/as	vestís
Uds., ellos, ellas	visten

viajar - to travel

	Presente
Yo	viajo
Tú	viajas
Ud., él, ella	viaja
Nosotros/as	viajamos
Vosotros/as	viajáis
Uds., ellos, ellas	viajan

visitar - to visit

	Presente
Yo	visito
Tú	visitas
Ud., él, ella	visita
Nosotros/as	visitamos
Vosotros/as	visitáis
Uds., ellos, ellas	visitan

vivir - to live

	Presente
Yo	vivo
Tú	vives
Ud., él, ella	vive
Nosotros/as	vivimos
Vosotros/as	vivís
Uds., ellos, ellas	viven

volver (o:ue) - to return

	Presente
Yo	vuelvo
Tú	vuelves
Ud., él, ella	vuelve
Nosotros/as	volvemos
Vosotros/as	volvéis
Uds., ellos, ellas	vuelven

CREDITS

Printed in the USA
CPSIA information can be obtained
at www.ICGtesting.com
LVHW070022010923
756890LV00015B/144